CANTA SOBRE MÍ

Escrito por Dennis Jernigan

Traducido por Pamela Baumann & Kathy Scruggs

Publicado por
Innovo Publishing LLC
www.innovopublishing.com
1-888-546-2111

Servicio editorial completo para autores, artistas y organizaciones cristianas:
libros, libros electrónicos, audiolibros, música & cine.

Canta Sobre Mí

La Santa Biblia Reina Valeria Revisión 1960

Biblioteca del Congreso Número de Tarjeta de Catálogo: 2014902108
ISBN 13: 978-1-61314-398-8

Arte de tapa & diseño de interior: Innovo Publishing LLC
Traducido del Inglés al Español por Pamela Baumann & Kathy Scruggs

Historia de la Imprenta EE.UU.
Edición en inglés: 2014
Edición Española: 2018

DEDICACIÓN

Sin mi esposa, Melinda, nunca hubiera podido llegar al lugar de la sanidad, la liberación y el gozo que ahora tengo.

Sin mis hijos que me han enseñado tanto acerca del amor de Dios, no sería capaz de comprender el nivel del amor de Dios por mí que ahora disfruto.

Sin mis padres y mis hermanos y la familia extendida, nunca habría llegado al lugar de la gracia y la seguridad en la que me siento suficientemente seguro para incluso compartir mi historia

Sin mis nietos y los que aún no han nacido en el linaje Jernigan, no habría visto la belleza y la fuerza del legado ni habría encontrado el valor de compartir.

Sin la multitud de personas que han tenido una mano en mi curación, (son demasiado numerosos para nombrar aquí), nunca habría sobrevivido.

Sin las pruebas, sin el fuego, sin las heridas sobre las heridas, sin la persecución que ahora conozco, sin opositores, no hubiera podido ser refinado.

Sin mis amigos, Danny y Joanna, me sentiría menos apreciado en este mundo.

Sin la tutoría de héroes como Jack Taylor, Anne Herring y Keith Green, yo no habría tenido una experiencia con la perspectiva del Reino tan extensa.

Sin la gente valiente de Innovo, no me sentiría tan acompañado.

Sin el número masivo de personas que me han dicho a través de los años que escuchar de mi historia los puso en el camino de la libertad en contar sus propias historias, no me sentiría tan necesitado.

Sin la presencia de mí Padre, la obra de Jesús el Hijo, y el poder del Espíritu Santo, Yo no sería nada.

Muchas Gracias,
Dennis Jernigan

ENDOSOS

"Si quieres algún consejo sobre cómo realizar un llamado, enfrentarse con posibilidades, o luchar con tu propia humanidad, encontrarás respuestas y un espíritu afín en Sing Over Me. La historia de Dennis Jernigan es tan convincente como desgarradora, alentadora y francamente entretenida. El hombre tiene mucho que decir, y estoy muy agradecido de que lo haya dicho".

—Joe Dallas, autor y orador

"Este libro es valiente, bien escrito, claro, y con claves de liberación fáciles de entender para cualquiera que esté embaucado en el espiral decendiente de conceptos eróneos. Un verdadero viaje de fe. Dennis, has expuesto la mentira con tu verdad, ¡BRAVO!"

—Annie Herring, cantante, compositor

"Betty y yo conocemos a Dennis Jernigan desde hace muchos años. Ha dirigido la adoración en nuestras conferencias bíblicas y ha sido invitado en la televisión LIFE Today. Admiramos su habilidad para atraer a las personas a la presencia del Señor. Leer la historia de Dennis no es fácil, ya que escribe cándidamente sobre su batalla contra la homosexualidad que comenzó a una edad temprana. Dennis tuvo un gran encuentro con Dios en 1981 que, según lo describe, lo llevó a descubrir que 'el campo de batalla de mi vida NO era mi cuerpo sino mi mente'. El Señor realizó una cirugía mayor, y hoy, Dios continúa usando Dennis para hablar sobre la libertad permanente que ha encontrado en Cristo. Esa misma libertad está disponible para todos los que buscan".

—James Robison, fundador y presidente de LIFE Outreach International; coanfitrión, televisión LIFE Today, Fort Worth, Texas

TABLA DE CONTENIDO

Prologó 9

Cuando Todo Cambió 13

Percepciones 17

Un Niño Pequeño en el Mundo de Hombres 21

Un Niño Desorientado 27

La Charla de Sexo y Otros Mitos......................33

Una Revelación de Cumpleaños 37

Mi Extraña Vida Interior 41

Abuela Jernigan 47

Gozo en Medio el Dolor 55

Me Gusta Soñar..61

Adelante y Más Profundo en el Abismo 69

Encuentros..77

Un Destello de Esperanza 83

Inalcanzable 89

Citas Con Una Mujer Para La Cura....................95

La Noche Que Cambió Todo 99

Recuerda a Melinda.....................................105

¿El Verano de Amor?....................................111

El Paseo Comienza 117

Cantando Hacia La Sanidad 121

Cuando Dios Habló 127

Cuando Confesé 133

La Fórmula Mágica para la Libertad y Otros Mitos 141

Casado. . . Con Una Mujer 147

La Noche de Bodas y La Verdadera Intimidad 151

Siempre Hay Más 159

La Sanidad de las Memorias 165

Lo Que Creo Sobre la Atracción del Mismo Sexo 171

El Propósito de las Cicatrices y Quién Dice el Padre Que Yo Soy 177

PROLOGÓ

Hace más de treinta años dejé una manera homosexual de pensar en mí. Por unos veintidós años yo pensé que un homosexual era quien yo era, que así fui creado o destinado a ser. Pero fue simplemente el humanismo, una teología centrada en el hombre, que me llevó a esa creencia. Fue a través de un encuentro con Jesucristo que me fue dado una nueva identidad. Lo que descubrí a lo largo de este increíble viaje de libertad de la atracción al mismo sexo es que lo mejor de Dios y lo mejor del hombre no son iguales. De hecho, Dios ha estado liberando a los hombres de la atracción al mismo sexo por miles de años. La homosexualidad no es algo más grande para Dios que cualquier otra adicción o modo de pensar equivocado. Aquí presento como es que yo sé ésto. Este texto del Apóstol Pablo a la iglesia en Corinto fue escrito hace casi dos miles de años.

> ¿No sabéis que los injustos no heredarán el reino de Dios? No erréis; ni los fornicarios, ni los idólatras, ni los adúlteros, ni los afeminados, ni los que se echan con varones, ni los ladrones, ni los avaros, ni los borrachos, ni los maldicientes, ni los estafadores, heredarán el reino de Dios. Y esto erais algunos; mas ya habéis sido lavados, ya habéis sido santificados, ya habéis sido justificados en el nombre del Señor Jesús, y por el Espíritu de nuestro Dios. 1Corintios 6:9-11

Contar mi historia no es fácil, aunque la he compartido miles de veces en los últimos veinticuatro años. ¿Por qué es tan difícil ahora? Hay dos razones principales.

La Sociedad, la cultura, la forma de pensar sobre todas las cosas homosexuales ha cambiado dramáticamente. Parece que la mayoría de las personas no quieren ser vistas como un intolerante, o en realidad han llegado a creer que la atracción al mismo sexo es normal. Por la experiencia personal sé que esto está lejos de la verdad. Sin embargo, parece a veces que yo soy el único que cuenta una historia diferente, como si estuviera nadando rio arriba contra la corriente. Sé que eso no es cierto porque he conocido a miles de personas que caminan en libertad de la atracción al mismo sexo, pero el sentimiento ES cierto.

La otra razón por la que esto es tan difícil es que tengo que caminar por la cuerda floja en cuánto compartir. Haré mi mejor esfuerzo para ahorrarle los detalles pequeños de mis encuentros sexuales, pero más importante, haré mi mejor esfuerzo para proteger las identidades de aquellos que prefieren que yo no revele información sobre ellos. Con el fin de evitar que ellos o sus familiares sufran cualquier vergüenza indebida, he elegido dar seudónimos a esas personas y he alterado la ubicación de ciertos eventos.

Lo que sigue es MI historia. Mi pasado no me define. Mis circunstancias actuales no me definen. Las cosas que me tientan no me definen. La comunidad gay no me define. Ningún hombre tiene ese honor ni poder. Mi identidad proviene de mi Creador y solo de Él ¡Pero qué viaje ha sido para llegar a ese lugar de la verdad y la comprensión!

¿Por qué nombrar al libro Canta sobre mí? Porque hace muchos años, Dios empezó a llamar mi atención por medio de la música, aún cuando ni sabía que era Él. Entonces luego descubrí unas cosas acerca de Dios y SU música:

Tú eres mi refugio; me guardarás de la angustia;
Con cánticos de liberación me rodearás. (Salmos 32:7, Raina-Valera 1960)

Dice que me rodea con cantos de liberación. Mientras que reflexiono en mi vida hacía atrás al escribir este libro, es fácil 'oír' como Él realmente me acompañó en cada paso del camino. ¡Pero, espera, hay más!

Jehová está en medio de ti, poderoso, él salvará; se gozará sobre
ti con alegría, callará de amor, se regocijará sobre ti con cánticos.
(Sofonías 3:17, Reina-Valera 1960)

¡Dios goza sobre Mí! ¡No importa lo que pasa! Él simplemente me ama. Durante todo me amaba. Actualmente SIEMPRE me ha estado cantando SUS canciones de amor y gozando sobre mí, tiernamente tramando Sus dulces melodías de la gracia y la misericordia y de la redención y restauración tan magníficamente y creativamente en y a través de mi vida, inclulso cuando le doy la espalda a Él. ¿Por qué nombrar al libro Canta sobre mí? Porque es exactamente lo que hace Él. Él canta sobre mí.

Mientras lees esto, es mi oración honesta que Jesucristo te lleve a una mayor conciencia de quien Él es y lo que eso podría significar para tu vida. Y que tú también aprendas a escucharlo cantar Sus cánticos de liberación, amor, y regocijo . . ¡sobre TI!

Dennis Jernigan

CUANDO TODO CAMBIÓ

Recuerdo muchas cosas sobre mi niñez. Cosas felices. Tiempos felices. Como ir a pescar con mi papá y mamá. Sentado en a la orilla del lago mirando atentamente si había el más mínimo movimiento en el anzuelo. Esperando que el mío fuera el siguiente en desaparecer bajo el agua fangosa para poder jalar mí caña de pescar y sentir el torrente de adrenalina mientras el pez tomaba mi cebo y sacaba el anzuelo completamente fuera de vista.

Tiempos felices. Montando caballos con mi papá y mis hermanos.

Tiempos felices. Jugando en la oscuridad por horas con mis hermanos y primos. Tiempos felices viendo a mi padre moler el grano y producir harina. Ordeñando las vacas cada mañana. Ayudando a mi mamá a quitar los insectos que se pegaban a las plantas tiernas en nuestro jardín. Teniendo competencias con mis hermanos pequeños para ver quién podía orinar más lejos de la ventana en el desván del granero. Persiguiendo a los saltamontes para usarlos como cebo. Las muchas competencias de pesca entre mis hermanos, primos y yo donde pescamos centenares de pescados pequeños. Nadando en "Shale Pit" como mis padres lo habían hecho cuando tenían mi edad, un rito de paso.

Tiempos felices cuando mi madre sacó un pequeño préstamo bancario sólo para que mis hermanos y yo pudiéramos tener algunos juguetes nuevos. Mi padre que trabajaba dos o tres trabajos a la vez apenas para poder cubrir nuestras necesidades. Cuando miro hacia atrás ahora, se vuelve dolorosamente obvio que realmente no teníamos mucho. Pero ¡qué precioso es darse cuenta de que nosotros de chicos nunca sentimos esa realidad en absoluto! Desde mi perspectiva, teníamos todo lo que podríamos necesitar. Éramos verdaderamente felices.

Mientras reflexiono sobre mí vida me doy cuenta que hay mucho más bueno que malo. Recordando ciertas cosas de mi infancia me transporta de nuevo a un tiempo feliz en mi vida y me llena con una sensación permanente de maravilla y alegría. Pero esa maravilla y gozo también se mezclan con cierta melancolía que no puedo negar ni alejarme de ella. En medio de los tiempos felices la oscuridad entró en mi vida y añadió un tinte de tristeza continua a la mezcla.

Mi tía y tío eran dueños de un corral para ganado en Okmulgee, Oklahoma. Cada sábado era el día de ventas. Dos lunes al mes era la venta de caballos. Me encantaba ir a la venta con mi mamá. Ella con sus hermanas con mi abuelo Herman y mi abuela Lela ayudaban cada semana. Mamá y sus hermanas trabajaban en la oficina mientras la abuela trabajaba en la cocina, dejando al abuelo para ayudar con la venta de la ganadería.

Siempre había un poco de emoción. Como la vez que nosotros jugábamos afuera en la casa de mis primos que estaba en la propiedad de la venta de granero y nuestras madres llegaron corriendo gritando:" ¡Entren a la casa! ¡Entren a la casa AHORA!" Sólo después de que corrimos dentro y nuestros padres se unieron con nosotros nos enteramos de que un toro Brahma salvaje estaba corriendo por todo el vecindario.

Como la vez que mi tía Patsy se reía de una broma y dio una palmada en el mostrador de la oficina sobre un pico donde colocaban los recibos que era muy puntiagudo e ¡instantáneamente atravesó su mano!

Como la vez que el tren de Frisco que manejaba mi tío Iván, y una camioneta que intentó cruzar el ferrocarril antes de que llegara el tren y esto pasó mero en frente de la entrada del corral y no logro cruzar a tiempo. Independientemente de lo que pasó en el corral, siempre había un sentido de aventura y emoción cuando el sábado se acercaba. Amé muchos los tiempos que pase allí. Era una alegría para mí ver los muchos camiones con sus tráileres tomando turnos para cargarlos con el ganado.

Mis hermanos, primos y yo apenas podíamos aguantar la espera, preguntándonos qué asombrosa criatura aparecería después. Por supuesto, el ganado de todas las formas y tamaños era la norma, Angus, Hereford, Charles,

Guernsey, Holstein. Y lo más emocionante de todo era cuando pasaba un Brahma.

Estábamos intrigados por esta raza exótica de la India. Más comúnmente eran utilizados para los concursos en los rodeos, su salvajismo percibido no se perdió para nosotros los niños. Y cuando uno empezaba a aparecer desde el interior de un remolque de ganado o camión de ganado, siempre nos provocaba piel de gallina y nos preparábamos para bajarnos de nuestro lugar de la valla del corral, ¡sólo en caso de que se lanzara hacia nosotros! ¡Qué peligroso nos parecía!

Casi igual de emocionante era ver cualquier número de animales emerger de los remolques de ganado. Viniendo en todas formas y tamaños, los cerdos eran siempre divertidos de observar. Nos reíamos de todos los ruidos y los chillidos de los cerdos pequeños, casi cayéndonos de la valla cuando escuchábamos sus ruidos que hacían cuando los separaban de su inmensa madre.

Las ovejas y las cabras eran siempre tan exóticas en mi mente así como lo eran los burros y las mulas. No necesariamente sé por qué los consideré exóticos; simplemente lo fueron. Pero el día más exótico de todos fue el día que vino un bisonte. Qué extraño y maravilloso sentimiento de ver algo así, que hasta ese día solo los había visto en las películas de John Wayne. Imagínate mí éxtasis y alegría el día que mi papá trajo a casa un becerro de bisonte para que nosotros le diéramos de comer con un biberón. Amaba el corral y las muchas aventuras que tuve allí. Pero poco sabía cómo una experiencia en particular lo cambiará todo.

Era un sábado de primavera como tantos otros que había experimentado en ese pequeño corral. Pasando gran parte de nuestro tiempo viendo la descarga de animales, mis hermanos y primos decidieron explorar los establos. Como expertos caminadores de cuerda floja, atravesamos todo el corralito, que nos parecía tan inmenso. Comenzando en la zona de ganado, nos dirigimos el área de los cerdos, y después de allí fuimos donde tenían guardadas las ovejas y cabras, y después regresamos hacia donde habíamos empezado, riéndonos, y osando unos a otros a mayores hazañas de valentía en cada paso del camino. ¿Quién tocará la joroba del Brahma? ¿Quién hará que el cochinillo chille? ¿Quién puede montar una oveja? ¿Quién puede atrapar a una cabra?

Después de una mañana de aventura, me encontré con la necesidad de orinar urgentemente. Con tanta gente alrededor y sin árboles para orinar detrás, sabía que el baño de los hombres en el lado sur del granero principal estaba cerca, así que les dije a los chicos que me esperaran para poder correr a orinar. Entrando justo antes de que fuera demasiado tarde, me alivie en la primera puerta abierta que pude encontrar.

No había notado al hombre antes, pero cuando me volví, él estaba allí. Vi sus pies primero, pero luego me di cuenta de que sus pantalones estaban abajo, su ropa interior también. El único hombre adulto que había visto desnudo hasta ese momento había sido mi papá. Lo que vi me hizo sentir muy incómodo. El hombre señaló su pene y dijo: "tócalo". ¡Yo corrí! Corriendo tan rápido como pude desde el baño de los hombres, corrí hacia la puerta de la oficina del corral porque sabía que allí podría encontrar a mi mamá. Mientras corría un pensamiento muy curioso comenzó a tener lugar en mi mente. Si pudiera olvidarlo, lo haría, pero no puedo olvidarlo. El pensamiento al principio parecía inofensivo. *¿Por qué ese hombre hizo eso?* No podía entender por qué el trataría de hacerme eso a mí. Ese pensamiento me condujo a: *¿Por qué ese hombre pensó que yo querría tocarlo ahí?*

A partir de ese momento, mi mente comenzó a sentirse como una mesa de ping-pong, pensamientos, rebotando en todos los sentidos. *¿Por qué me pidió que hiciera eso?*

¿Creía el que yo quería tocarlo allí? Seguro que así pensó. Si no fuera así, ¿Por qué otra razón lo pediría? ¡Algo está mal conmigo!

¿Y sabes lo que hice a continuación? Dejé de correr. ¿Por qué? Porque empecé a pensar de mí mismo en una forma muy diferente de lo que pensaba hasta ese momento. ¿Mi conclusión? Algo debe estar mal conmigo. ¿Por qué razón ese hombre pensaría que podría pedirme que hiciera eso a menos de que algo estuviera mal conmigo?

Cuando miro hacia atrás, me doy cuenta ahora de que me había enfocado demasiado en mí y lo que pasó en ese momento. Independientemente de que si yo fui víctima o no, comencé a estar totalmente centrado en mí mismo y asegurándome de que nadie más pudiera ver lo defectuoso que yo era. En un momento yo era un niño normal, aventurero y despreocupado. En el momento siguiente todo cambió, para siempre.

PERCEPCIONES

Después del incidente en el baño de los hombres, empecé a pensar de mí mismo como que era "diferente" que los otros niños pequeños. La creencia pronto se reforzó de varias maneras. Siendo muy artístico y muy sensible emocionalmente, no pasó mucho tiempo cuando comenzaron a llamarme mariquita, incluso en el primer grado.

La señora Ross, mi maestra de primer grado, fue una gran instructora. Siendo músico ella misma, era muy alentadora conmigo cuando aprendió que yo podía tocar el piano. Amaba el arte de todo tipo y nos exhortaba a expresarnos de una manera artística durante nuestras clases diarias de arte. Al principio la clase de arte era para aprender los conceptos básicos, cómo dibujar formas y para colorear dentro de las líneas, pero luego progresamos a dibujar formas simples como casas y graneros, y pronto árboles, flores y paisajes, y luego a la experimentación de dibujar animales. Pero mi cosa favorita para dibujar, al menos en el primer grado, era la gente.

Todavía puedo recordar en mi mente la brillante reseña que la Sra. Ross dio a mi cuadro de una mujer indígena con trenzas y una pluma. Colocando mi dibujo en el lugar más destacado por encima de la pizarra, un lugar que todos y cada uno de los estudiantes sabían que era la posición más preciada, codiciada, y deseada, ella describió a toda la clase lo que era tan extraordinario sobre mi dibujo.

¡Qué orgulloso me sentía mientras ella describía el uso correcto de la proporción y la profundidad! Me sentí tan especial al oírla animando a los otros estudiantes a usar a mi dibujo como un ejemplo de todas las formas correctas de usar el color, la perspectiva y la percepción de profundidad. Incluso algunos de mis compañeros de clase, principalmente las niñas, expresaban su asombro mientras que la Señora Ross hablaba de mí proeza artística.

Sin embargo, mi burbuja estallaría pronto, y no tardó mucho en hacerlo. Durante el recreo en la mañana, todos corríamos a nuestro lugar favorito de los juegos. Algunos corrían directamente a los columpios. Otros corrían al carrusel o al tobogán. ¿Yo? ¡Yo corrí directamente a las barras!

Tratando de ser el primero de llegar a la cima, el lugar de señorío del recreo, me apresuré a subir. Varios muchachos estaban compitiendo por el mismo pedazo de bienes raíces, cada uno vinculado y decidido a ser coronado rey. Justo cuando me acercaba a la parte superior de las barras, cuando alcancé para ponerme en posición, un niño mayor, Lonnie, me empujó, casi causando que me tambaleara hasta abajo. Si no me hubiera aferrado a la barra, habría caído al suelo. Colgando allí en el dolor y la incredulidad, mi ego tomó un golpe inesperado y fue muy difícil cuando Lonnie se burló de mí.

"¡Fuera de aquí niño marica!" "¡Ve a colorear con las niñas donde perteneces!" Sorprendido de que tan rápido corrió la voz concerniente a mí triunfo artístico, mi ego moreteado fue aplastado aún más cuando, uno de mis compañeros de primer grado se unió a la agresión verbal empezó a burlarse de mí.

"¡Sí, mariquita!" bromeó Reggie, obviamente tratando de impresionar al chico mayor. Volviéndose hacia Lonnie, él dijo: "¡Te dije que era como una niña!" "¡Bájate de las barras antes de que te hagas daño, mariquita!", gritó Lonnie. "¡Ve a jugar con las niñas donde perteneces!" Aun colgando de una mano, aferrado con todas mis fuerzas, finalmente conseguí bajar de la precaria posición en la que me encontré repentinamente, y al mismo tiempo logré contener las lágrimas que amenazaban con exponer una humillación total. Alejándome en la derrota, volteado vi a otros muchachos que me señalaban y susurraban. Avergonzado y confundido, me enfadé horrorizando fingiendo que estaba bien en el exterior mientras devastado por dentro.

Mientras tanto, muchas de las niñas habían visto lo que había sucedido y de inmediato corrieron hacia mí y comenzaron consolarme. Luego volvieron su atención hacia Lonnie y comenzaron a regañarle defendiéndome, lo cual sólo envalentonó al muchacho gritar con denuedo para que todo el cuerpo estudiantil de la escuela primaria escuchara desde arriba en su trono.

Lonnie gritó lo más fuerte que pudo:" ¡Miren todos al niño marica! ¡Él tiene que tener a las niñas cuidando de él! ¡Qué maricón! ¡Alguien necesita darle un abrazo antes de que empiece a llorar!" Volviéndome hacia el niño gritando, grité en desafío la peor cosa que podría pensar en llamarle: "¡Cállate, cabeza de mi—da!" ¡Luego se desató el caos!

Saltando desde su trono, Lonnie ahora, con todo su enojo, corrió hacia mí, empujándome en el pecho, haciendo que caiga hacia atrás sobre mi trasero gritando: ¿A quién le estas llamando cabeza de mi—da, maricón?" Siendo yo más joven que Lonnie, físicamente él era mucho más grande, pero me levanté de todos modos, o por lo menos intenté. Antes de poder pararme bien sobre mis pies, Lonnie estaba encima de mí, tirándome otra vez al suelo, y golpeándome con sus puños.

El muchacho me gritaba: ¡Si sabes lo que es mejor para ti, quédate abajo niño! A estas alturas yo estaba tan lleno de furia que lo único que podía pensar era en golpear al niño con toda mi fuerza, pero me encontré incapaz de defenderme porque tenía mis brazos clavados al suelo. Estaba totalmente humillado por las risas de mis compañeros, y ni uno de los niños que era mi amigo se atrevió a ayudarme, yo ya no podía contener las lágrimas. A medida que empecé a llorar, el chico me escupió en la cara y luego me dejó levantar con un último puñetazo. Yo simplemente estaba sentado allí llorando, mientras que todos los niños se alejaban riendo. Sólo mi amigo Cliff vino y me ayudo a levantar. Cliff era un niño afro-americano. Mientras ayudaba a levantarme, Lonnie voltio y dijo:" ¡Ayúdalo a levantarse negro, y voy a patear tu trasero también! Deja al niño mariquita levantarse por su cuenta. Vamos a ver si es capaz de hacer eso. Cliff me ayudó de todos modos, y Lonnie movió su cabeza con desaprobación y se fue caminando con su pecho de fuera presumiendo ante todo su nuevo grupo de admiradores.

Ese día aprendí muchas lecciones valiosas que me servirían bien en los próximos años. Lonnie, a medida que crecía, parecía vivir sólo para hacer mi vida miserable y recordarme que era un ser humano inútil por ser tan diferente.

Oí la palabra "marica" por primera vez y estaría perplejo por lo que podría significar por varios años más.

Aprendí que ser diferente no era una buena cosa en los ojos de muchos.

Aprendí que el color de la piel de uno era un gran problema para algunos.

Aprendí que si iba a sobrevivir emocionalmente, tendría que representarme a mí mismo como algo que pensaba que la gente quería. Cualquier cosa que eso fuera, mi intención era encontrarlo, porque si no, mi vida sería miserable.

Ese día, junto con la experiencia en el baño de hombres, determiné que mi auto percepción de alguna manera era incorrecta y que tendría que cambiar.

UN NIÑO PEQUEÑO EN EL MUNDO DE HOMBRES

Mi siguiente encuentro sexual vino de una manera inocente. Una compañero de primaria me invitó a pasar la noche en su casa. Estábamos preparándonos para irnos a dormir y nos desnudamos, solo teníamos puestos los calzones, como solían hacer los niños pequeños. Notando que se veía muy similar a mí, empecé a preguntarme si TODO lo suyo comparaba con lo mío. Mientras estábamos en la cama, cubrimos muchos temas diferentes. Cuando me preguntó si tenía un pene, me emocioné mucho porque me preguntaba lo mismo que él. ¡Simplemente dije que sí! Él inmediatamente respondió con: "¡Yo también!" "¿Quieres sentirlo?" Antes que yo pudiera responder, él continuó diciendo: ¡Te dejaré sentir la mía si me deja sentir la tuya! Ingenuamente, estuve de acuerdo.

Nuestras caricias mutuas duraron solo diez segundos. Teniendo nuestra curiosidad mutua satisfecha, pasamos al siguiente tema, y nunca mencionamos ese momento en todos los años que lo conozco. Aunque no me había dado cuenta de ello en ese momento, algo había despertado en mí esa noche que tendría que luchar para mantenerlo bajo control una gran parte de mi vida.

Muchos episodios y acontecimientos afectaron la formación de mi mente cuando era niño. Decir que estaba confundido sería una subestimación enorme. Uno de los ejemplos más reveladores era el hecho de que nunca ponía mis manos en mis bolsillos como otros niños lo hacen. Incluso traté de encontrar evidencias fotográficas que me indicaran lo contrario, pero esas fotografías no existen. No fue hasta que empecé a caminar en libertad de la atracción del mismo sexo a mis veinte años que me sentía suficientemente confiado en mi identidad masculina para poder caminar o pararme junto con otros hombres con mis manos en los bolsillos. ¿Por qué no puse mis manos en mis bolsillos? Porque eso era lo que hacían los niños reales, y yo no era un niño real. Yo era algo diferente. Yo era algo menos.

Creciendo en la zona rural de Oklahoma, no tenías que ser un científico para entender que yo vivía en un mundo de hombres masculinos. Hombres machos. Mi padre fue visto como el hombre de los hombres. Estaba tan orgulloso de él. Mi papá podía hacer tantas cosas. Podía atrapar un becerro con una cuerda. Mi papá podía desarmar un motor roto y arreglarlo para que funcionara mejor que antes. Mi papá podía poner una silla de montar sobre un caballo. Mi papá podía soldar el metal y crear obras de arte asombrosas, como la vez que convirtió unas viejas ruedas de vagón en la puerta de entrada a nuestra granja, colocando las letras de nuestro apellido "Jernigan" que había forjado a mano. Mi papá podía jugar basquetbol. Mi papá podía tocar la guitarra. Mi papá podía cantar. Mi papá era árbitro de basquetbol. ¡Mi papá podía hacer CUALQUIER COSA!

Cuando tenía unos cuatro años, mis padres compraron la gasolinera local Sinclair. Me encantaba ir a la gasolinera por muchas razones. La mascota, el logotipo era un brontosaurus. ¿Qué niño no ama un brontosaurus? ¡Qué emocionante era imaginar con el entendimiento de un niño pequeño que éramos las únicas personas en todo el pueblo que eran dueñas de un dinosaurio! Esos eran los días antes de que existieran las gasolineras de autoservicio. Esta era una gasolinera de verdad, una que daba todos los servicios.

Qué orgulloso estaba yo de mi padre. Recuerdo haberlo visto correr hacia cada coche y camioneta que conducía hacia el área del servicio. A medida que el cliente bajaba su vidrio a mano, (porque en esos días no existían vidrios eléctricos) el cliente instruía a mi padre a llenar el tanque. Mi papá le preguntaba si quería la calidad regular de gasolina o Ethyl. Por mucho tiempo yo no podría entender porque mi papá les ofrecía ¡una señora llamada Ethyl! (Los recuerdos de un niño pequeño).

Una vez que el tipo de combustible era establecido y la boquilla insertada en el recipiente del tanque, mi papá les pedía que abrieran el cofre. Cómo reloj procedía a checar el aceite y todos los otros niveles. Una vez terminada esta tarea, comenzaba a limpiar el parabrisas cuidadosamente quitando cada mancha hasta que brillaban los vidrios. Era asombroso ver hasta dónde mi papá podía alcanzar, no dejando una sola mancha de partículas de insecto, incluso en la parte más alejada del parabrisas. No sé si mi papá jamás se dio cuenta, pero a menudo imitaba las cosas que él hacia mientras atendía el coche de un cliente. Yo quería ser como él.

Durante los tiempos de inactividad cuando no había mucho trabajo, mi papá me dejaba ponerme mis patines y patinar en el pavimento que rodeaba la estación. Vivíamos en una granja y no había lugar para patinar, así que guardábamos mis patines en la estación de gasolina en el pueblo. Un día mientras patinaba alrededor de las bombas de gasolina, un pequeño grupo de hombres se sentaron en la sombra hablando y masticando tabaco. Después de unos minutos, decidí hacer una cosa muy masculina. Patiné hasta mi papá (que nunca había masticado tabaco, fumado un cigarrillo o bebido una gota de alcohol) y audazmente le pregunté si podía probar un poco de tabaco de mascar.

Él sonrió tímidamente y le guiño un ojo a los otros hombres y rápidamente me contestó diciendo: "¡Claro!". Todos los hombres empezaron a animarme y parecían casi encantados de que me atrevería a hacer una cosa tan varonil. Uno de los hombres sacó un sobre de su bolsillo y lo abrió. Inmediatamente el aire se llenó con la mezcla de olor más dulce y celestial que había olido hasta ese punto de mi vida. De hecho, es un olor que vive en mi memoria hasta el día de hoy.

Tomando una porción que parecía ser demasiado grande para la boca de un niño pequeño, me dijo que lo pusiera en mi mejilla y lo mantuviera allí. Lleno de orgullo y asombro, hice lo que había visto hacer a los hombres tantas veces antes. Puse la gran porción de tabaco un mi boca y con prontitud y orgullo volví a patinar. Mientras me alejaba, noté que los hombres me miraban. Mi suposición era que estaban emocionados por mí y orgullosos de que había cruzado este umbral de la hombría. ¡Estaba muy equivocado!

Como una bomba de tiempo, los hombres retuvieron su aliento colectivamente esperando que sucediera. ¡Y si sucedió! Antes de que me diera cuenta, comencé a marearme. Ahora mareado y con nausea, comencé a tropezar en mis patines. No queriendo ser visto como débil, obstinadamente mantenía el tabaco en mi boca y seguía patinando. No pasó mucho tiempo hasta que patiné directo a los brazos de mi papá vomitando. A través de lágrimas de vergüenza, dije a mi padre: "¡Nunca quiero volver a hacer eso!" ¿Cuáles fueron sus palabras para mí? "¡Espero que hayas aprendido una lección!"

Aunque todavía recuerdo ese acontecimiento particular en detalle, la vergüenza nunca cruzó la línea de la humillación. Realmente fue una buena lección para mí, enseñándome que solo porque otros disfruten de cierta actividad no significa que yo también lo haré, o ¡que es bueno para mí! Sin embargo, una parte de mí continuaría asociando el tabaco de mascar con ser un verdadero hombre durante bastante tiempo.

Durante años mi padre mantuvo la granja y también trabajó tiempo completo en un taller mecánico reparando coches y dando mantenimiento a los tractores para los granjeros. Me despertaba todas las mañanas para ordeñar dos vacas antes de ir a la escuela, y luego él salía a darle de comer a la pequeña manada de ganado que teníamos. En el invierno íbamos a romper el hielo en los estanques para que las vacas pudieran beber. En la primavera reuniríamos todo el ganado y vacunaríamos a los terneros recién nacidos y castraríamos a los machos recién nacidos. Cada pocas semanas durante el verano, mis hermanos y yo reuníamos a las vacas y las metíamos en el corral para que mi papá pudiera echarles insecticida para las moscas y otros parásitos. Sinceramente, no entiendo cómo es que mi papá hacía todo.

Su reputación era de trabajo duro y bondad. Cuando los hombres venían al taller para pedir alguna pieza o para preguntar acerca de la reparación de su vehículo, escuchaba mientras hablaban entre sí. Más a menudo oía comentarios como: "Robert Jernigan es un buen hombre", o "Él hace un buen trabajo por un precio justo." ¿Y cuántas veces mi padre recibió una llamada para rescatar a un conductor tirado a un lado de la carretera o una llamada de un granjero necesitando que fuera a reparar su tractor para poder terminar de cultivar su campo? ¡Innumerables! La reputación de mi padre hizo sentirme orgulloso de ser un Jernigan.

Cuando era un muchacho, realmente necesitaba la afirmación y aprobación de mi padre. Porque me consideraba a mí mismo como algo menos que un verdadero niño, sentía la presión de estar a la altura de los estándares de trabajo de mi padre y sus normas de hacer las cosas bien. En MI mente, nunca podría alcanzarlo. No fue culpa de mi padre. Eso era mi PERCEPCIÓN, mi interpretación personal de lo que agradaría a mi padre.

Siendo un chico creativo con un toque para lo artístico y dramático, yo era propenso a los altos emocionales montañosos y el más profundo de los bajos emocionales. No era solo confuso para mí, pero estoy convencido de que era confuso para mi papá también. Había muchas veces cuando él me daba un trabajo que hacer, como barrer todo el piso del taller, y era inmenso. Después de su inspección, podría señalar algunas áreas que no barrí bien, y me sentía inútil, como si no estuviera a la altura. Había veces que él me pedía que limpiara las herramientas y las pusiera en su lugar, y nunca parecía que las limpiaba lo suficiente o las ponía exactamente en el lugar correcto. Al menos esa era mi percepción. Mi papá me amaba; simplemente yo no podía ver cómo.

Hubo varias veces cuando mi papá se frustraba tanto con mi mal humor o con un comportamiento malhumorado que estallaba en ira. No sólo no entendía yo mis propios sentimientos, sino que ciertamente no tenía un marco de referencia para comunicar mis sentimientos en lo más mínimo, lo cual era frustrante ¡para TODOS! En una ocasión, había voluntariamente dejado de hacer una de mis tareas, prefiriendo retrasarla hasta el último minuto para poder jugar unos minutos más. En exasperación, mi padre se quitó su cinturón y comenzó a pegarme en mi trasero, lo cual me merecía, pero ese día lo había orillado hacia el borde y a sacar toda su frustración sobre mí.

Tan fuerte eran mis gritos y tan feroz fue su ira que mi madre y mi abuela Jernigan intervinieron, rogando a mi papá que se detuviera y así lo hizo. Yo merecía el castigo. Yo había decepcionado tanto a mi padre que sintió que ningún otro remedio vencería la insolencia en mí. ¿Mi padre reaccionó con demasiada dureza? Sin duda. ¿Se sintió mal? Claro que sí. ¿Alguna vez lo hizo de nuevo? No. ¿Fui yo cambiado? Absolutamente. Sabía que estaba siendo desobediente, y al mismo tiempo me di cuenta que no había manera de que pudiera complacer a mi padre si no podía ser obediente a él. Aunque tal vez no sabía cómo llamarlo en ese momento, comencé a basar mi valor en lo bien que desempeñaba las cosas para mi papá y para otros. Y en mi mente de doce años de edad en el día de esa paliza, el siguiente paso lógico fue este: si mi papá se llegara a enterar de lo que era en realidad, que yo era como una niña, sería rechazado. La diferencia entre él descubrir lo que era realmente y mantenerlo oculto fue fácilmente reducido a una sola palabra: desempeño.

No tenía que usar mucho mi imaginación para darme cuenta de que esa era mi verdad, el día que jugué bien en la liga de béisbol para menores donde mi papá era el entrenador. Cuando le pegué a la pelota por primera vez, y mi papa se emocionó y comenzó a derramarme con alabanza. Y no sólo mi papá, pero TODOS los demás. Desempeña bien, y soy afirmado. Desempeña bien, y soy aceptado. Desempeña bien y soy amado. A pesar de que no me sentía como un chico real, por lo menos podría actuar como uno. Aun así nunca pero nunca, pude poner mis manos en mis bolsillos. Parecía tan poco natural. Después de todo, yo no era un niño real. Y mi padre, un gran hombre que nunca podría llegar a hacer como él en mi mente, nunca descubriría si yo podría remediarlo.

UN NIÑO DESORIENTADO

Dudo en escribir este capítulo porque no estoy seguro donde está la línea entre compartir lo suficiente para llegar al punto o en no compartir lo suficiente, así que ¡voy a entrarle!

Creciendo en una granja, tuve más que suficientes oportunidades para ver la naturaleza mostrar plena exposición sexual. Viviendo en el camino hacia un rancho de caballos, vi a un semental montar una yegua en más de una ocasión. Después de haber criado ganado desde mis primeros recuerdos, he visto más de lo que me hubiera correspondido ver naturalmente de toros montando vacas. En mis días antes de la pubertad, no tenía absolutamente ninguna idea de lo que estaba pasando. No entendía nada ni sentía la necesidad de cuestionar por qué los animales machos parecían ocasionalmente empujar sus penes en hembras aparentemente MUY pacientes.

Cuando tienes diez años de edad y no tienes idea del propósito del sexo, la actividad sexual de los animales es en lo mejor de los casos inocente y en lo peor, vergonzosa. Nunca olvidaré el día que estaba ayudando a mi papá a reunir el ganado en un pequeño corral con el fin de agruparlos lo suficientemente cerca como para que la aplicación del insecticida fuera más eficiente, gastando menos tiempo, esfuerzo y agua en el proceso. Al notar que un toro prestaba una atención especial a una hembra cercana, sabía que algo iba a suceder. De repente, el toro extendió su miembro masculino, montó a la vaca, pero falló en insertarlo, enviando el semen por más de seis metros, rociando a otras vacas cercanas. Me volví hacia mi padre para ver su reacción, y él ni siquiera pareció haberlo notado. Así que presté poca atención. Pero no podía dejar de pensar en lo que acaba de ver.

Mi primera experiencia sexual, aunque corrí de la escena, había sido el hombre que se expuso a mí en el baño de hombres allí en el granero. Desde ese momento, me había interesado en mi propia anatomía, preguntándome si algún día me parecería a mi padre, como ese hombre. Porque yo tenía una visión muy distorsionada de mi propia masculinidad, había dado un giro hacia lo perverso. Antes de alguien se enfade, aquí está mi definición de perversión: tomar algo que Dios quiso para un propósito santo y usarlo de una manera que Él nunca quiso. El sexo estaba destinado a un propósito santo. El sexo era para el matrimonio entre un hombre y una mujer. El sexo estaba destinado a la procreación primero. El sexo era para la comodidad el placer y la intimidad. No tenía ni idea de todo eso. NUNCA hablamos de asuntos sexuales en la iglesia. Nunca.

Nunca se me ocurrió que un día mi cuerpo empezaría a cambiar de un niño al cuerpo de un hombre. Puesto que mis padres nunca habían hablado conmigo acerca de lo que significaba la pubertad y ni siquiera remotamente mencionaron nada de la naturaleza sexual, me quedé lamentablemente abandonado para atravesar el campo minado de la pubertad solo.

Parecía que la pubertad me golpeó con toda su fuerza cuando tenía once años. El bello comenzó a brotar bajo mis brazos y en mi área púbica. Al principio, pensé que algo estaba mal conmigo, así que traté de afeitarme el bello. Al no tener recursos para comprar maquinillas de afeitar, y demasiada vergüenza para pedirle a mi papá o mamá, ¡imagínate mi gozo el día que descubrí el escondite de mi abuelo Herman!

El abuelo Herman, el padre de mi mamá, estaba constantemente comprando grandes cantidades de artículos de tocador, como acondicionador, loción para las manos, jabón, crema para afeitar y maquinillas para afeitar. Él era lo que se conoce como un ¨mayorista¨, alguien que compraba artículos a un costo mayorista y luego los revendía. Constantemente estaba comprando lotes extraños de todas las cosas imaginables que pudieran traer una buena ganancia. Un día él me mostró su última porción de mercancías y procedió a decirme que podría tener cualquier cosa que necesitara. ¡Fue una noticia maravillosa! Podría obtener las herramientas necesarias para librarme de ese pelo molesto de las axilas, ¡sin la vergüenza de tener que pedirlos!

Al ir a un lugar privado, procedí a aplicar la crema para afeitar a mis axilas y área púbica, y en cuanto puse la navaja a mi carne, era solo para cortarme tanto que quería rendirme de la frustración. Pero, terminé la tarea y me pare de frente del espejo mientras pequeñas gotas de sangre chorreaban por mi lado desde abajo de mis axilas y aún más corría por mis muslos. Y entonces comenzó el dolor y el ardor. *¿Cómo podría seguir con esto si me dolía tanto? ¿Qué se supone que debía de hacer?* La sola idea de que alguien más notara mi cambiante aparición trajo un miedo tan profundo a mi alma que estaba obligado y decidido a evitar que alguien lo viera. Solo necesitaba aguantar el dolor físico que sentía y simplemente me cubriría a mí mismo para evitar que otros se dieran cuenta.

Durante ese verano, mantuve puesta mi camisa por el temor de que descubrieran que tenía pelo creciendo en los lugares más extraños de mi cuerpo. Mirando hacia atrás, ahora me doy cuenta de que era una estrategia más del enemigo tratando de mantenerme con el enfoque en mí mismo. Al ser un muchacho de granja, y tener muchos hermanos y primos, fue muy notable durante nuestras sesiones de natación y el juego normal, que yo era el único niño con una camisa puesta. Quitarme la camisa era lo más horrible del o que podía pensar. Pero todo eso se agravó cuando un día una tía me dijo: ¿Qué es eso que crece en tu labio superior?

Tan pronto cuando me di cuenta de lo que me quería decir con eso, me escapé mortificado de vergüenza y fui al baño, cerrando la puerta detrás de mí tan rápido como pude. Efectivamente, había pequeños cabellos oscuros brotando en mi labio superior. ¿Mis pensamientos? *¿Cómo podría deshacerme de esto sin que nadie se diera cuenta y sin atraer más atención hacia mí?* Mi sueño, era que de alguna manera todo este cambio simplemente se detuviera y que todos dejaran de molestarme. Pero la naturaleza tiene una manera de suceder si estamos listos para ello o no.

Nadie me llevó a un lado para explicarme que era necesario usar desodorante. Fue una de mis primas quien me señaló lo inmundo que mi cuerpo olía. Oliendo mis axilas, descubrí, para mi horror, ¡que ella tenía razón! Muy pronto, mi abuelo Herman volvió a rescatarme. Parecía que siempre, en el momento justo, me mostraría su última variedad de mercancías, llamándome como una luz de faro, era una botella de desodorante de la marca Ban.

Todos estos cambios que ocurrían en mi cuerpo físico afectaron mucho mi estado mental. Mi miedo era que todo el mundo estuviera juzgándome. Mi temor era que alguien me molestara o me ridiculizara por mi apariencia. Mi temor era que todo el mundo se diera cuenta de lo inmaduro que parecía comparado con otros chicos de mi edad. Desde mi perspectiva de niño de once años, parecía que todos los demás muchachos fácilmente hacían la transformación física de niño a hombre. Ese otoño un chico de mi clase, ¡ya tenía pelo en el pecho y una barba! ¡Y también sonaba como un hombre!

Y si eso no era suficiente, mi voz, mi propia voz, comenzó a traicionarme. Era como si todo lo que había experimentado hasta ese momento era de alguna manera menos perceptible. Pero ahora, cada vez que abría mi boca, ¡sonaba como un rebaño de gansos hablando a través de mí! Como si algún malvado ventrílocuo tomara el control de mi cuerpo, y no importaba como intentaba no hacerlo, ¡no podía evitar el chillido! Mortificado era mi constante estado de animo. Combinando la gran necesidad que sentía por ser visto como alguien bueno en base a mi desempeño con el nuevo deseo de nunca ser visto ni oído, ¡entonces tienes el fórmula de un adolescente confundido y desorientado!

Pero nada de eso se compara con la absoluta confusión del truco más extraño que ahora empezó a manifestar mi cuerpo. Ocurrió la primera vez cuando hicieron una llamada al altar de la iglesia. Yo estaba sentado allí ocupado en mis propias cosas, cuando de repente, el pastor pidió a todos que se levantaran y abriera sus himnarios para el himno de invitación. Mientras estaba de pie, encontré la situación más incómoda. ¿Por qué? Miré hacia abajo, y horrorizado vi que mi pene había elegido ese momento ¡para estar de pie! ¡Una erección espontánea! Me senté de nuevo para tratar de ocultar lo que estaba pasando en mis pantalones, cuando mi madre se dio cuenta y me dijo en un susurro muy severo: ¡Levántate ahora mismo jovencito!

¿Qué iba a hacer yo? Tomando el himnario más cercano, lo coloqué estratégicamente delante de mi área de la ingle, y luego me levanté tan cuidadosamente y rápidamente como pude sin llamar demasiado la atención a lo que estaba tratando de esconder. Ahora, no sólo tendría que lidiar con el cabello y los olores de mi cuerpo, sino que tenía que lidiar con la posibilidad constante y muy real de la temida erección espontánea.

La pubertad era el infierno en la tierra para mí. Ya inseguro por la conciencia de que yo no era como los otros niños, sentía como si yo fuera el único que había tenido que pasar por algo tan horrible como lo que estaba pasando ahora. Ahora yo sé, al mirar hacia atrás, que esto era lo más lejano a la verdad, pero el enemigo usó mi auto conciencia y el enfocarme en mí mismo para evitar que viera a alguien o cualquier esperanza o ayuda, aunque estuviera frente a mí.

Y como el enemigo lo tenía planeado, sólo estaba empezando a llevar a cabo su plan extenso para mi vida, para mi deceso, mi inmersión, en el mundo del pensamiento homosexual.

LA CHARLA DE SEXO Y OTROS MITOS

Cuando tenía diez años y un año antes de la pubertad, me enfrenté a una dura realidad con respecto a lo que otros hombres pensaban de los homosexuales. A esta edad, no tenía ni idea de cómo llamar mi atracción a otros hombres hasta que un día escuché a los hombres de mi iglesia hablando.

Un domingo por la mañana después de la escuela dominical, estaba jugando en las escaleras de la iglesia con mis hermanos y mis primos como lo hacíamos casi todos los domingos. Mientras jugábamos, los hombres estaban cerca y hablaban. Estos eran los hombres que más respetaba en mi vida. Estos fueron los hombres que me enseñaron todo lo que yo sabía acerca de Dios. Estos hombres eran como Dios para mí. Cuando su conversación empezó a llenarse de palabras que ya había escuchado antes, como: maricas y maricón, me pareció que la palabra homosexual parecía significar algo similar.

Esta fue la primera vez que recuerdo haber pensado que esto debía de ser lo que yo era, y entonces llegué a la conclusión de lo que eso significaba para esos hombres, y lo sentí en todo mí ser. Seguí jugando con mis hermanos y primos, pero mantuve un oído abierto a esa conversación. De repente se me ocurrió que si eso era lo que los hombres de Dios pensaban de mí, entonces eso debía de ser lo que Dios pensaba de mí. Ellos odian a los homosexuales. Dios debe odiar a los homosexuales. Dios me odia.

Me encontré sintiendo desesperanza absoluta, y sólo tenía diez años. Concluí en ese momento que si podía hacerlo, nadie descubriría nunca mi secreto. Cuando miro hacia atrás, no es extraño que comenzara a basar mi vida en la actuación para lograr a recibir la aceptación, la afirmación y el amor que tanto necesitaba?

Con todo el caos que la pubertad estaba trayendo en mi vida, no podía dejar de pensar en cosas sexuales. Al mismo tiempo, yo sabía que yo era tan diferente de otros chicos y que tendría que mantener una fachada exterior positiva para evitar que todos vieran lo que realmente era en mi interior.

Poco después del trauma de esa primera erección espontánea en la iglesia, descubrí la auto-satisfacción, la masturbación. No hay necesidad de entrar en detalles aquí. Después de este descubrimiento, encontré que recibía mucho desahogo de mis temores cuando realizaba este breve acto. A pesar de que el alivio era temporal, experimenté momentos de liberación total en los cuales las preocupaciones del mundo parecían muy distantes. Después de unos breves segundos de júbilo, mis pensamientos siempre dieron lugar a la culpa y la vergüenza de lo que acababa de hacer. La culpa, la vergüenza y la necesidad de desempeñar parecían conducirme a más episodios de auto estimulación y entonces eso traía más culpa, vergüenza y presión para seguir actuando. Sin saberlo, había caído en un ciclo viscoso del cual no veía ninguna manera de escapar.

Cuando miro hacia atrás, con razón mis sentimientos de ser diferente a otros muchachos se convirtieron en ser muy sexuales. Lo que debería haber sido un misterio para mí, la persona femenina, es con lo que realmente me identifique. Mis sensibilidades artísticas y mis sensibilidades emocionales fueron mi principal medio de expresión. Debido a mi malentendido de todas las cosas masculinas, los hombres se convirtieron en el misterio para mí en todos los sentidos.

Porque constantemente se burlaban de mis maneras afeminadas, esta verdad se reforzaba diariamente en mi psique. No pensaba como un hombre, así que ¿cómo deben de ser los pensamientos de un hombre? No me sentía como un hombre, así que ¿cómo deben de ser las emociones de un verdadero hombre? Yo no me portaba como los otros niños, ¿qué debe hacer un hombre real para ser visto como viril? No entendía mi propio cuerpo masculino, así que ¿cómo era el cuerpo de otro hombre? Combiné todos esos pensamientos confusos con mi curiosidad masculina y usted tiene los ingredientes de deseos lujuriosos para descubrir las realidades del cuerpo de otro hombre.

Todas estas cosas que encontré, las encontré mucho antes de la realidad de Internet. En aquellos días, los muchachos tendían a obtener su información de otros chicos, y como la información que recibía de otros chicos me recordaba constantemente de cuán maricón y homosexual era yo, cuán diferente era yo de otros chicos, me sentía como si estuviera tropezando, al igual que una pelota de ping-pong que se golpeaba alrededor de un cuarto de concreto. ¡Qué alegría y gran recurso para mí, el día que mi madre compró la *Enciclopedia Británica*! Mientras yo revisaba los libros, no tardé en llegar al volumen ¨S¨, e irme directamente al título ¨sexo.¨

Descubrí cuál era el significado de las relaciones sexuales. Vi imagines del cuerpo masculino y el cuerpo femenino. Miré brevemente la imagen femenina, ya que no tenía ninguna atracción por ella, sin embargo me sentía atraído como un imán a la representación científica artística del cuerpo masculino, a menudo pasando horas fascinado por la maravilla ante la imagen que tenía delante de mí. Estas ¨sesiones de estudio¨ siempre terminaban con la masturbación y el ciclo demasiado familiar de culpa y vergüenza. Este ciclo constantemente recurrente finalmente me llevó al punto de la desesperación y decidí que hablaría con mi papá acerca de todo esto.

Me tomó varios días para finalmente tener el coraje para hablar con mi papá. No teniendo un marco de referencia de cómo acercarme a él, simplemente le dije una noche mientras él se preparaba para la cama: Papá, ¿puedo hablarte de algo?

Claro, él dijo, ¿Qué es?

Podía sentir mi cara tornándose roja, mis manos comenzaron a temblar y mis rodillas a tambalearse. ¿Podríamos hablar en privado? ¿Podemos ir al baño? Viviendo en una casa pequeña, no había muchos lugares privados, y el baño era el único que tenía una cerradura en la puerta, así que entramos, y papá cerró la puerta detrás de nosotros.

¿Qué es? Preguntó mi papá.

Sintiendo que no sabía lo que quería o que tenía que preguntar, comencé a decir con timidez: "A veces, cuando me despierto por la mañana, hay un líquido blanco y pegajoso en el bello alrededor de mi pene." No me explico que lo que había experimentado se llamaba un sueño húmedo, mi padre de repente pareció tan nervioso como yo me sentía. Todo lo que pudo decir fue: ¡Eso es natural!, y comenzó a salir de la habitación.

Rápidamente dije: Y cuando me froto el pene, se pone duro y sale un líquido.

Ahora visiblemente mortificado, mi papá simplemente respondió con: "Probablemente no deberías hacer eso", y rápidamente salió del baño dejándome en una confusión total.

Este episodio sirvió para evitar que pidiera ayuda durante muchos años después. Diré esto: después de que el Señor me liberó, yo le pregunté a mi papá por qué él había sido incapaz de hablar conmigo del sexo cuando yo era un niño. ¿Su respuesta? "Mi padre nunca habló conmigo de eso, así que yo no sabía cómo hablar contigo." Tiene perfecto sentido para mí ahora, pero hablaremos más acerca de eso en otro capítulo.

La confusión con respecto a mi identidad era exactamente el estado mental en el que el enemigo me mantendría en los años venideros. Debo decir, sin embargo, que asumo toda la responsabilidad por mis respuestas a la vida, por mis decisiones, incluso aquellas por las cuales sentí que no tenía otra opción de escoger.

UNA REVELACIÓN DE CUMPLEAÑOS

Se necesita más de un episodio o una circunstancia para ayudar a moldear la percepción de la identidad de una persona, pero cuando parece que cada circunstancia de su vida apunta a una sola cosa, se hace difícil llegar a cualquier otra conclusión. La conclusión de que yo no era como otros niños, que yo era diferente, se había arraigado desde una edad muy temprana y continuó siendo reforzada con el paso del tiempo.

En mi duodécimo cumpleaños, conseguí quedarme hasta más tarde de lo habitual mirando la televisión con mis padres. Poco sabía cuándo este día tan maravilloso había comenzado, que lo iba terminar con una sensación total de desesperación y confusión.

La televisión era una invención increíble. Habiendo crecido en los días anteriores a la televisión de color, al menos en nuestra casa, y antes de los días del control remoto, ver la televisión era un verdadero placer para nosotros. *"Flipper"* fue uno de mis programas favoritos como otra aventura marítima llamada *"Sea Hunt."* Recuerdo que sólo teníamos tres canales para elegir, lo que significaba que a menudo era llamado a levantarme a cambiar el canal para mi papá o mi mamá cada vez que llegaba el momento de comenzar un programa favorito de la familia que requería un cambio a una red diferente. A veces me llamaban a menear la antena para que la señal estuviera más clara.

"Gilligan's Island" fue absolutamente uno de mis programas favoritos, y no podía esperar a volver a casa de la escuela y terminar mis tareas para ver

el último episodio. Hasta el día de hoy, todavía puedo recitar ciertas líneas, e incluso una canción, de uno de mis episodios favoritos. La televisión fue una herramienta poderosa para mí. El *"Carol Burnett Show"* y *"Sonny y Cher"* junto con *"Donnie y Marie"* me presentaron a un magnifico mundo de la música. Anhelaba ver los espectáculos como *"American Band Stand"* y *"Soul Train"* e incluso disfruté muchísimo la variedad del *"Lawrence Welk Show"* y *"Hee Haw"*.

Además de los programas de comedia, aventura y música que mi familia veía, también vimos programas de detectives y crimen como"Mannix" y "Hawaii Five-O" y de vaqueros como"Gunsmoke" y "Bonanza". Pero durante los últimos de los 60´s y principios de los 70´s la llegada de comedias de vanguardia con mensajes sociales comenzaron a influenciar la cultura de nuestra nación y cambiaron la forma en la que veíamos el mundo, a menudo poniendo a prueba nuestras propias opiniones y la pregunta de por qué creemos lo que creemos. Uno de esos programas que probablemente tuvo mayor impacto en mi vida de joven se llamaba "All in the Family".

Presentaba una familia de New York que consistía de un patriarca, Archie Bunker; su esposa tonta Edith; su hija Gloria; y el marido liberal de Gloria, Mike o ("Meathead", como Archie lo llamaba con cariño). Parecía que cada episodio le causaba mucha preocupación a mi padres, ya que a menudo se indignaron, haciendo comentarios como:" ¡No puedo creer que hablarían tal cosa!" o" ¡Eso está simplemente mal!" Aún con todo eso encontraban el humor en la situación. Me sentía muy incómodo a veces, y me preguntaba por qué llamaban a Archie un "intolerante" con muchos prejuicios sólo porque él no estaba de acuerdo con su yerno. Incluso cuando yo no creía que el yerno tenía siempre la razón, a él nunca lo llamaron intolerante, sólo a Archie que era más conservador. Esto me llevó a investigar la palabra, que sólo me causó más confusión.

De acuerdo incluso con el diccionario de hoy, un intolerante es: ""una persona que es totalmente intolerante de cualquier credo, creencia u opinión diferente". No pasó desapercibido de niño el hecho de que había una cantidad mayor de hipocresía en curso si un fanático era intolerante, porque Mike parecía muy intolerante hacia Archie (el patriarca) también. Me parece igualmente confuso hoy a escuchar a una persona gay llamarme intolerante fanático, y él ser completamente intolerante de mí, mi opinión y mis experiencias diferentes.

La principal razón por la que este programa me afectó tanto fue por la forma en que retrataba la homosexualidad como si fuera una forma de vida normal. De mi experiencia personal y mi participación muy personal en la homosexualidad, la homosexualidad era cualquier cosa ¡menos normal! Un episodio en particular lo recuerdo y lo he hecho desde el día que lo vi. ¿Por qué recuerdo los detalles tan vívidamente? Debido al tema, por supuesto, pero también porque este episodio se emitió en mi duodécimo cumpleaños, el 9 de febrero, 1971.

Llamado *"Juzgando un Libro por su Portada"*, el episodio gira en torno a Archie y un amigo que admira llamado Steve. En este programa, su yerno, Mike tenía un amigo que Archie asume que es gay. Mike le asegura que su amigo no es gay pero menciona a Archie que su buen amigo, Steve, si podría serlo. Steve es un soltero y muy respetado entro los hombres en el bar local de Archie. Todo el mundo asume que Steve es heterosexual hasta que Archie menciona la conversación que tuvo con su yerno. En ese momento, Steve destapa su alma a Archie, diciéndole que de hecho él es gay. Por supuesto, a Archie lo hicieron parecer tonto e intolerante por atreverse a tener una opinión diferente de la inclinación liberal.

Parecía que todo el mundo estaba hablando de este programa y este tema tan volátil. Al oír el veneno con el que los hombres tan conservadores con los cuales yo crecí condenaban el programa y lo vil y enfermizos que se sentían con respecto a todas las cosas homosexuales, me sentí muy condenado sin haber sido expuesto en ese momento de mi vida. Esto resultó ser un episodio más en una larga serie de eventos en mi vida que el enemigo, el Mentiroso, uso para persuadirme de que yo era homosexual. En el fondo, no quería ser así, pero en todas partes me daba cuenta de que yo era diferente, que yo era algo menos que un chico real, que yo era, de hecho, homosexual.

Sin embargo, me llevaría varios años más hasta que finalmente renunciara a toda esperanza de ser liberado de lo que consideraba una prisión de mis propios pensamientos sobre mi identidad sexual. Aunque me sentía un poco desesperanzado, todavía había algo profundo dentro de mí que se aferraba a la esperanza, de que tal vez, sólo tal vez, un día me despertaría y seria como los otros niños, que sería cambiado.

A medida que el amanecer de esta nueva realidad comenzó a centrarse cada vez más, hice algo que haría de vez en cuando durante los años venideros.

Esa noche, salí al campo y miré hacia las estrellas y simplemente empecé a clamar a Dios: ¡Por favor, cambiarme! Nada parecía cambiar. De algún modo desesperanzado, pero de alguna manera no.

¡Lo que este cumpleaños resultó ser! Desesperanzado y confundido pero aferrado a algo que ni siquiera sabía si era o no posible. Todo lo que sabía era que todas y cada una de las circunstancias de mi vida, incluso los programas de televisión que veía, apuntaban a una cosa: Yo era gay.

MI EXTRAÑA VIDA INTERIOR

Si debo ser completamente honesto, me consideraba un niño extraño, aunque traté de presentarme exteriormente como lo más normal posible. Completamente centrado en mí mismo, (que yo creo que es el gran esquema del enemigo de Dios, Satanás, el Mentiroso), todo lo que hacía fue muy calculado y diseñado en mi mente para hacer que los otros pensaran altamente de mí. En mi mente, (como el enemigo, el Mentiroso lo quería), todo el mundo estaba hablando de mí y pensando en mí, incluso cuando ahora sé que no, bueno, al menos no tanto como creía. Ésta visión distorsionada de la realidad me hizo volver a pensar y sobre pensar todo en mi vida. Sentirse como alguien que tiene que desempeñar todo a través de su vida es uno de los esquemas más tortuosos del enemigo. Mirando hacia atrás, mi vida interior era bastante miserable. Enfocarse a sí mismo, le hace eso a tu alma.

Ser capaz de escuchar una canción en la radio, y luego sentarme en un piano y tocarla provocaba que se burlaran de mí, entonces tuve que minimizar mi capacidad. Ser emocionalmente sensible me hizo muy consciente de las necesidades emocionales de los que me rodeaban y me hizo ser muy comprensivo y compasivo, pero también hacia que los otros chicos me molestaran, así que a veces tuve que pretender ser duro cuando realmente ese no era yo. Podía observar algo, dibujar con un lápiz en un papel y crear un dibujo que parecía muy realista. Este es uno de los pocos dones que me fueron dados de los cuales no recuerdo que otros se burlaran excepto esa aquella ocasión en el primer grado.

A pesar de todo, los mismos dones que Dios me dio para usar en Su reino, el enemigo parecía ser muy hábil en usarlos para hacerme sentir menospreciado.

Estos dones, la música y la sensibilidad emocional fueron alentados por mis padres y mi abuela Jernigan. Mi abuela siempre me decía lo bienaventurado que yo era y cómo no debería malgastar esos dones sino que debería usarlos para el reino de Dios. La presión para adaptarme a la visión de mi abuela para mi vida era tan intensa como la presión de hacer un buen desempeño en el hecho de que nadie se enterara de lo que realmente era, tanto así lo sentí que nunca podría adaptarme a las expectativas de ella o de nadie. ¿Mí único recurso? El desempeño que realizaba. Sin embargo, despreciaba el desempeño por la misma cosa que anhelaba, la atención. ¿Lo ves? EXTRAÑO.

Cuando yo tenía diez años, el dilema del desempeño se presentó de una manera que todavía me persigue hasta el día de hoy. La abuela de mi madre, mi bisabuela Bristol, vino a nuestra granja para vernos. Esta es la primera y única vez que recuerdo su visita a nuestra casa, porque normalmente íbamos a visitarla a la suya. Cómo estaba ya avanzada en años, quería ver a sus nietos y bisnietos antes que ya no pudiera viajar más. Estábamos tan emocionados que ella había venido a nuestro hogar para ver donde vivíamos. Después de unos minutos de saludos, mi bisabuela me pidió si podía tocar una canción para ella en el piano. Me quedé helado, preguntándome cómo podría salir de esta situación. Justo cuando estaba a punto de salir corriendo de la habitación, mi mamá y mi papá, orgullosos de mí, simplemente dijeron: siéntate y toca una canción para tu bisabuela.

Con todo lo que estaba dentro de mí, no quería hacerlo. Mis padres me pidieron amablemente pero firmemente que me sentara y tocara una pequeña canción. Me negué y corrí confundido y avergonzado de la habitación buscando un lugar para esconderme. Lo siguiente que supe fue que mi bisabuela estaba diciendo adiós. Mis padres no podían ocultar su decepción, y estaban en lo cierto al sentirse decepcionados. Mi actitud había sido incorrecta. Si soy honesto, fue mí orgullo y egoísmo que me impidió tocar para mi bisabuela. Yo estaba más preocupado por mí y mis propios sentimientos que por los de mi bisabuela. Y yo estaba más preocupado por el temor de fracasar en mi desempeño, (el orgullo), que con la bendición que habría sido para ella.

Una semana después, recibimos la noticia… Mi bisabuela Bristol había muerto. Recuerdo sentirme conmocionado, como una cubeta de agua fría en la cara, y luego el shock se convirtió en entumecimiento, ya que los sentimientos de culpa y vergüenza consumieron por completo mi mente durante días y semanas después. Hasta el día de hoy, todavía lamento no haber tocado sólo una pequeña canción para mi bisabuela. Aunque me siento perdonado por Dios, he encontrado algo difícil el perdonarme a mí mismo. Escribiré más sobre eso después.

Estoy muy agradecido por la familia en la que Dios me puso y me permitió crecer. A pesar de que no éramos la familia más afectuosa en aquellos días, mi mamá y papá me apoyaron mucho en el área de mis dones. Ellos eran muy alentadores en mis dones musicales, así como mi capacidad para dibujar. De lo que estoy seguro es que mi sensibilidad emocional los había vuelto locos. Si me sentía enojado, era obvio. Si estaba triste, era muy aparente. Si yo estaba herido, los signos eran fácilmente visibles. Lo curioso es que estaba tan confundido como estoy seguro de que mis padres lo estaban. La analogía que describe mi estado constante tratando de balancear mi actuación exterior con mi deseo interior de ser amado y aceptado es como el viejo acto del teatro en el que un artista intenta mantener múltiples platos girando encima de clavijas finas de madera. Pasando de plato a plato, de desempeño a desempeño, para que la gente me quisiera y les agradara, me pareció más y más difícil mantener los platos de mi vida girando. Pero de alguna manera lo hice, durante demasiados años.

Otro aspecto que jugó en la opinión de mí mismo fue la necesidad de recibir atención. Como una droga de la que no me cansaba, tenía que tener toda la atención, sin embargo, como con mi bisabuela, también trataba de evitar llamar la atención. Anhelaba la aprobación de mi padre y sentía que tenía que hacer todo lo posible para ser visto bien por él, aunque ahora sé que nada podría haber estado más lejos de la verdad. El problema surgía de mi percepción deformada de mí. Esto, a su vez, me llevó a creer que mis hermanos estaban compitiendo por tomar la atención de mi padre hacia mí y colocarla directamente sobre ellos. Siendo el más grande, supongo, sentí algún derecho divino como el hijo mayor de tener toda la atención. Con eso como la fuerza motriz de mi actuar, hice la vida de mis hermanos pequeños miserable, en varias ocasiones, golpeándolos con enojo cuando ellos se interponían en mi camino, burlándome y haciéndolos sentir menos, (irónico como es que a veces de quien se burlaron, termina siendo un burlador), y haciéndolos sentir poca cosa de cualquier manera. Que ahora somos buenos amigos es un testimonio de la gracia de Dios y el perdón que mis hermanos han extendido hacia mí desde entonces.

Aquí esta sólo un ejemplo entre los innumerables, y por alguna razón éste está grabado en mi mente. En todos los años que pasé en la granja, cada día era más o menos lo mismo. Levantarse en la mañana y atender a los animales antes del desayuno y antes de preparase para la escuela. Una granja es un trabajo arduo y conlleva la participación de todos para hacer que el trabajo fluya bien. Unas de las cosas favoritas que recuerdo haber hecho con mi padre y mis hermanos era darle heno al ganado porque teníamos que montar en la pila de heno cargado en el elevador trasero que mi padre había construido para el tractor. Mi papá llamaba: "¡Vamos chicos! ¡Vamos a alimentar a las vacas!" Al oír esas palabras comenzaríamos nuestra lucha por la posición principal, la parte superior de la pila, y nos empujaríamos unos a otros mientras corríamos hacia el tractor.

Un fin de semana en particular, cuando yo tenía alrededor de seis o siete años de edad, escuché a mi padre gritar:" ¡Vamos, chicos! ¡Tiempo de darles heno! ¡Vengan a ayudarme a alimentar a las vacas y romper el hielo en las lagunas!" Hacer la alimentación en el invierno, aunque a veces frío y miserable, también podía ser estimulante y divertido. Los caballos rompen el hielo en un lago congelado para encontrar su propia agua pero el ganado no. Por lo tanto, romper el hielo además de cortar los cables en los fardos de heno y dispersar los bloques de heno mientras mi padre manejaba el tractor era un asunto, ¡MUY importante!

Mientras corría para encontrar mi abrigo y luego rápido buscaba para encontrar mis botas, corrí por la puerta trasera y me dirigí hacia el granero justo a tiempo para ver a mi papá conduciendo el tractor hacia el campo mientras mis hermanos me saludaban felizmente con un, ¡adiós! Corrí tan rápido como pude, gritando todo el tiempo ¡Papi! ¡Espérame! ¡Papi! ¡Ya voy! Por supuesto mis pequeños hermanos no tenían ninguna intención en absoluto de alertar a mi padre de lo que estaba pasando, y tenían todo el derecho de guardar silencio.

La devastación fue muy real, y lo tomé muy personalmente, como si mi papá lo hubiera hecho a propósito. Sintiéndome rechazado por el rechazo que percibí de mi padre y sintiéndome humillado por la forma en que mis hermanos se habían burlado de mí, permití que la amargura que resultó de creer esas mentiras, me redujera a tener un corazón lleno de ira y lo que quería era venganza. Mi papá no me rechazó ni me olvidó; fui yo quien había dado ese salto. Mis hermanos no me habían rechazado, ni intencionalmente trataron de humillarme; simplemente estaban actuando como hermanos pequeños. Sin embargo, debido a mi necesidad de ser aceptado y aprobado y constantemente afirmado, todo eso lo tome e hice algo que no estaba allí, y el enemigo, el Mentiroso, ganó el día.

Nunca fui capaz de sentir que era igual a mis hermanos, o CUALQUIER otro chico, entonces mi vida interior era bastante extraña. ¿Cómo me vi? Soy un tipo bien extraño y hecho un desastre. La gracia salvadora de todo el lío desordenado de mi vida mental cuando era niño era mi abuela Jernigan. Ella de alguna manera parecía entender mi rareza y tenía la manera más singular de tratar de hacerme entrar en una mayor conciencia de lo que parecía la verdadera realidad.

ABUELA JERNIGAN

Siempre había tanta alegría cada vez que mi papá y mamá me llevaban a mí y a mis hermanos a Okmulgee a visitar a nuestra abuela Jernigan. Ella tenía una manera única como la mayoría de las abuelas, de hacer cada uno de sus nietos sentir como si él o ella fuera la persona más importante en su vida en ese momento. Vivía con su padre, el bisabuelo Snyder, en una pequeña casa de madera. Junto a esa casa había un garaje independiente. Lo que recuerdo de ese viejo garaje era el olor. Teniendo un piso de tierra y siendo construido de madera, la humedad del aire combinado con los aromas de la tierra y la madera hizo un recuerdo olfativo maravilloso en mi mente. Hasta del día de hoy, cuando siento un aroma similar, me traslada al instante a ese lugar y a esas visitas maravillosas a la casa de la Abuela. Cuando tenía ocho o nueve años mi bisabuelo Snyder falleció. Lo siguiente que supe fue que mi papá había traslado a mi abuela a una casa de remolque en nuestra propiedad. ¡Esto fue como el cielo para mí!

Abuela tenía un piano. ¿Necesito decir más? Hasta ese momento tenía que buscar oportunidades para tocar el piano. Mi tía Patsy tenía uno, así que tocaba vorazmente cada vez que iba a ver a mis primos. Y por supuesto, había uno en el sótano de la iglesia, del cual tomé el control total cada vez que estuvimos allí, y ¡estuvimos allí mucho! De hecho, mi papá me recordó del momento en que él y mamá se dieron cuenta el nivel de mi capacidad para tocar. Puesto que papá era el líder de la alabanza en nuestra iglesia, él era el que conducía las prácticas del coro los miércoles por las noches. Mientras los adultos estaban arriba en el viejo edificio de la iglesia, yo estaría abajo tocando. Cuando cantaban una canción, yo estaría escuchando. Cuando tocaba la melodía con mi mano derecha, intentaba igualar las armonías que escuchaba usando mi mano izquierda.

Cuando el coro llegaba al final de cada canción, podía ser escuchado un débil sonido menos las voces que emanaba de abajo. Cuestionándose quién estaba tocando el piano abajo, mis padres bajaron a descubrir que, ¡era yo! Me hizo tan feliz que mis padres parecieran estar muy contentos con el don que había ocultado de ellos de alguna manera u otra. Esto de alguna manera hizo las burlas que a menudo soportaba en la escuela, más soportables. Ellos inmediatamente hablaron de conseguirme un piano, pero no tenían que hacerlo porque ya la abuela se había trasladado al lado de nuestra casa.

La casa de mi abuela estaba al lado del corral de las vacas a unos cien pies del granero. En el lado opuesto de su casa había un pequeño granero donde mi papá hizo muchos trabajos de reparación y donde guardó nuestra mesa de billar. Tan pronto como llegaba a casa de la escuela, me esforzaría por hacer mis tareas para poder ir a la casa de mi abuela, a su maravilloso piano. Ella fue la que me ayudó a saber todo el potencial de la armonía y cómo ponerle acordes adecuadamente a una canción. Debido a mis prácticas en la iglesia los miércoles por la noche, podía poner acordes débiles e ineficaces a una canción, pero la abuela me mostró cómo tocar esos mismos acordes en diferentes inversiones y cómo romper los acordes de tres notas en un estilo arpegiado, añadiendo interés a lo que yo estaba tocando, y cómo las diversas teclas de cualquier canción podían ser trasladadas a diferentes claves simplemente por la comprensión de la relación matemática entre las diferentes notas y claves. Ella me enseño que el acorde *uno* y el acorde *cuatro* y el acorde *cinco* se podían tocar, ¡en CUALQUIER tecla! Esto revolucionó mi habilidad y cada vez que tocaba el piano de la abuela era una aventura de descubrimiento y exploración.

Y luego llegó, día de todos los días gloriosos. La abuela había pedido la colección de "Reader´s Digest," repleta de las canciones estándares de los años pasados. Ella me enseñó a tocar *"Has Anyone Seen My Girl"*, *"The Entertainer"* and *"The Impossible Dream"*, un sinnúmero de canciones de los años veinte, treinta y cuarenta. Mira que yo no podría leer la música, pero ella me enseño tocando la canción una vez para mí y después animándome seguir el movimiento ascendente y descendente y el fluir de las notas escritas. Hora tras hora me dedicaba a dominar esas canciones viejitas. Y la abuela hacía sus tareas domésticas mientras yo llenaba la pequeña casa con música gloriosa.

Y ella oraría por mí. Tocaremos ese tema más adelante.

Muy seguido, mi abuela me animó a tocar. Tan pronto como llegue a casa de la escuela, ella me amonestaba a que hiciera mis tareas para poder ir a su casa. Muy a menudo me iba directamente a la casa de la abuela sin hacer mis tareas, hasta que escuchaba a mi madre llamándome. Yo era el único chico que conocía que había sido castigado por practicar el piano. Pero, nuevamente, me lo merecía. No era demasiado difícil para mi mamá encontrarme; Todo lo que tenía que hacer era escuchar. Si oía música de piano saliendo de la casa de la abuela, allí estaba yo.

En el invierno, no era raro que yo estuviera haciendo mis tareas en el corral junto a su casa sólo para ver a la abuela sacar su cabeza de la puerta trasera y gritarme:" Ven aquí y calienta tus manos en el piano cuando hayas terminado tus tareas hijo". ¡Yo era muy feliz de obedecer!

Tengo que contar una historia chistosa sobre mi abuela Jernigan. Dado que vivíamos en lo que muchos llaman "Tornado Alley" (Corredor de Tornados), a menudo nos encontrábamos viendo los pronósticos meteorológicos del día y salíamos a observar las nubes. El momento más común para un tornado ocurriera era en la primavera, pero no siempre. Un día de verano, cuando yo tenía entre once y doce años, yo estaba dentro de la casa limpiando la cocina, (de verdad Mamá, no estoy mintiendo), mientras mi hermano Paul estaba haciendo trabajos con el tractor afuera en el campo a una media milla de casa, cuando oí repentinamente una conmoción muy fuerte y un sonido tremendo del viento que surgió sin ningún aviso. Corriendo hacia la puerta de atrás, salí justo a tiempo para ver el granero pequeño que mi papá usaba para las reparaciones, levantándose de la tierra, volteándose hacia arriba, y luego cayendo aplastándose contra el suelo destrozándose y rompiéndose en un millón de pedazos. Me tomó sólo un segundo para darme cuenta de que estaba viendo un tornado muy de cerca y en una forma muy personal.

Mi primer pensamiento fue de correr y checar si mi hermano pequeño estaba bien. Corriendo hacia la cerca, ni siquiera me detuve para abrir la puerta. Salté literalmente por sobre la cerca y corrí con toda mi fuerza hasta llegar donde se encontraba mi hermano. Le hice señales y le pregunté que si estaba bien. "¿Qué quieres decir, con que si estoy bien?", me gritó. "¡El Tornado!" "¿No viste el tornado?"

"¿Qué tornado?", gritó.

" ¡El que destruyó el granero!" le respondí.

Sus siguientes palabras enviaron una ola de entumecimiento a través de todo mi ser.

¿"Está bien la abuela"?

¡Abuela! Había olvidado por completo a la abuela Jernigan. Juntos mi hermano y yo volvimos a la casa de la abuela sólo para encontrar la puerta principal cerrada con llave. La casa parecía estar intacta, pero todavía estábamos muy preocupados por nuestra abuela. Tocamos frenéticamente a la puerta. Le tomó unos segundos responder. Cuando la puerta abrió, la Abuela vio el granero demolido y dijo sin vacilar, ¿Muchachos, qué han hecho?

Después de convencerla de que había sido un tornado que fue responsable por toda la destrucción, ella continuó diciéndonos que había oído una conmoción pero simplemente pensó que había sido el perro de mi papá que estaba arrastrando su cadena contra la pared (de lámina) de su casa. ¡Historia verdadera!

La importancia de la abuela en mi vida era casi tan inmensa como la importancia de mis propios padres para mí. La abuela era una mujer muy espiritual. Ella pertenecía a la denominación Asambleas de Dios y nosotros éramos Bautistas, lo que significaba, que a menudo se sentía como el aceite y el agua en nuestra casa cada vez que algo sobre la iglesia o las cosas espirituales surgía en las conversaciones de nuestra familia con ella. Mis recuerdos de esa época son sencillos. Para mí en mi mente de niño pequeño, Dios aún hablaba en su iglesia. En nuestra iglesia, simplemente leímos las cartas que Dios nos escribió. La creencia que tuve en ese tiempo era muy simple pero a la vez muy exacta.

Mi abuela fue instrumental en ayudarme a desarrollar una comprensión básica del reino espiritual. Mis padres me llevaron a la iglesia y me ayudaron tener una comprensión del evangelio, pero fue la abuela y su actitud hacia las profundidades espirituales que me intrigó y me ayudó a desarrollar la poca sensibilidad espiritual que tenía en ese tiempo.

A menudo, miraba la televisión Cristiana con ella. Ella amaba el ministerio de Oral Roberts y me hacía ver su programa. Estaba tan impresionado con su ministerio que pedí por su Biblia especial de Oración. Cuando escuché a los "World Action Singers" de la Universidad de Oral Roberts cantar, pedí su álbum. ¡Qué alegría y qué bendición era para mí recibir esos artículos en el correo! Todavía tengo los dos hasta el día de hoy, porque me recuerdan un tiempo precioso de crecimiento espiritual en mi vida, aunque yo era completamente inconsciente de lo que estaba pasando en el momento.

En una ocasión, mi abuela me presentó el nombre, Kathryn Kuhlman. Nunca había oído de ella, pero mi abuela me habló de una cruzada especial de sanidad que estaba organizando e iba a ser televisada. Estaba asombrado como esta mujer de fe simplemente movía su mano en cierta dirección y ¡cientos de personas se desmayaban y se derrumbaron en el suelo! Y todavía otros vendrían a ella para recibir oración con toda clase de enfermedades y se irían regocijándose ¡porque Dios los había sanado! Fui testigo de los cojos caminar, y los ciegos ver. Vi como de repente el sordo podía oír y como el mudo podía hablar. También sabía de niño que yo quería conocer a Dios como Oral Roberts, como Kathryn Kuhlman, ¡como mi abuela!

La abuela Jernigan creía que ella podía oír la voz de Dios cuando Él le hablaba ella. Muchas fueron las veces en que me dijo cosas que Dios le había hablado a ella. En uno de esos episodios, algo que Dios le había hablado era tan asombroso para mí que nunca lo he olvidado. Una vez me dijo que cuando había ido al cielo ya no estaría casada con mi abuelo Jernigan porque no había necesidad. Ella continuó diciéndome cómo Jesús mismo le había confirmado esto a través de la lectura de Mateo 22:30 que simplemente dice: Porque en la resurrección ni se casarán ni se darán en casamiento, sino serán como los ángeles de Dios en el cielo. Él murió cuando yo tenía sólo un año de edad, así que nunca lo conocí, pero ella me habló de él.

Me dijo que simplemente le había preguntado al Señor cómo es que iba a conocer a mi abuelo una vez que ella fuera a estar con el Señor. Ella me susurró lo que el Señor le habló. Ella habló con un tono tan reverente y asombroso, que recuerdo que me dio la piel de gallina. Ella dijo: Cuando llegue al cielo, lo primero que voy a hacer es pasar tiempo adorando a Jesús. Y entonces, llamare al nuevo nombre que Dios le dio a su abuelo Jernigan. De esa manera, lo reconoceré.

Todavía recuerdo el nombre que ella me dijo, y lo mantendré escondido en mi corazón hasta el día que llegue al cielo. Ya que no recuerdo estar con mi abuelo, aunque he visto fotos de él sosteniéndome, (me dicen que me llevó a todas partes con él por la ciudad, jactándose de mí a quien sea que estuviera dispuesto a escuchar), simplemente haré lo que la abuela me dijo. ¡Voy a llamarle por su nuevo nombre y pasare tiempo con él después de haber pasado tiempo adorando a Jesús!

La casa de mi abuela Jernigan, los brazos de la abuela, su actitud, y el amor, eran un refugio para mí de muchas maneras. Horas innumerables golpeado mis frustraciones en su piano. Innumerables amonestaciones para que yo usara mis talentos para aquel que me los había dado. Innumerables bendiciones sobre bendiciones de los muchos recuerdos que ahora atesoro por lo quien ella era. Y luego se fue. Y yo estaba devastado.

Unas semanas antes de morir, la abuela me llevo aparte, y me dijo sus deseos para su funeral. Ella percibió que sería algún día en un futuro próximo. Solo recuerdo estar en la negación, sin embargo, queriendo complacer a mi abuela, la escuché. Me dio una lista de las Escrituras que ella quería que fueran leídas en su funeral. Ella me entrego una lista de canciones que quería que fueran cantadas en su funeral. Ella me dijo que el funeral era para nosotros, la familia, y que el Señor le había enseñado exactamente qué versos necesitábamos oír y le había revelado exactamente qué canciones cantar que nos ministrarían. Ella era completamente desinteresada.

Escuché el timbre del teléfono alrededor de las 3:30 AM, y luego oí los pasos de mi padre en la planta baja mientras se tropezaba para contestar el teléfono. Sólo unos días antes, mi abuela había sido admitida en el hospital en Tulsa. Ella había sido diagnosticada con cirrosis del hígado, lo que fue impactante para nosotros, ya que nunca había tomado una bebida alcohólica en toda su vida. Escuché a mi papá contestar el teléfono y comenzó a sollozar. Nunca había visto ni oído a mi padre llorar antes de esa noche. Oírle en sollozos incontrolables e inconsolables me asustó. Al mismo tiempo, me rompió el corazón que mi abuela, por lo que sé, había estado sola cuando ella murió. Sin embargo, yo sabía que ella estaba mirando a la cara de Jesús en ese momento, e imagine que ella ya había llamado el nuevo nombre por el cual mi abuelo era conocido en el cielo, el que el Espíritu le había susurrado unos meses antes. El siguiente día, el pastor vino a nuestra casa para reunirse con mi papa para discutir los planes del funeral. Sin vacilar, fui al lugar donde había ocultado los planes funerarios de la abuela y los llevé abajo. Interrumpiendo su reunión, simplemente dije: Aquí están los planes de la abuela para su funeral. Ella se encargó de todo. Aquí están las canciones. Aquí están las Escrituras que quiere que se lean. Esto es lo que ella quería para ministrarnos. Y salí de la habitación mientras mi papá y el pastor se quedaron sentados allí en un silencio atónito.

Al ser incómodamente de trece años, yo estaba muy consciente de mí mismo en el funeral. Habiendo estado tan cerca de mi abuela, tomé su muerte muy personalmente, como si yo fuera el único afectado. Entumecido por la pérdida, me senté allí mientras esas canciones se cantaban y miraba inexpresivamente al espacio mientras se leían los versos. Pero entonces las palabras de la canción de la abuela para la familia me sacudieron a la conciencia y a la cruda realidad de que ella realmente se había ido.

QUIERO PASEAR POR EL CIELO CONTIGO

Si examinara todas las cosas buenas que me vienen desde arriba

Si pudiera contar todas las bendiciones del almacén de amor

Simplemente pediría el favor de Él más allá del final mortal

Y estoy seguro de que Él lo concedería una y otra vez

Quiero pasear por el Cielo contigo algún día feliz

Cuando todos los problemas y angustias realmente se desvanezcan

Entonces disfrutemos de la belleza donde todas las cosas son nuevas

Quiero pasear por el Cielo contigo

Tantos lugares de belleza que anhelamos aquí abajo

Pero el tiempo y los tesoros nos han impedido hacer planes como tú lo sabes

Pero viene la mañana del rapto y juntos estaremos.

Quiero pasear por el Cielo contigo

Quiero pasear por el Cielo contigo algún día feliz

Cuando todos los problemas y angustias realmente se desvanezcan

Entonces disfrutemos de la belleza donde todas las cosas son nuevas

Quiero pasear por el Cielo contigo

Renovaremos antiguos conocimientos con los amigos que una vez conocimos

Entonces reencontraremos a nuestros seres queridos y

Conoceremos a Jesús también.

Esa será una reunión feliz y habrá mucho para ver

Mientras que paseo en el Cielo contigo

Quiero pasear por el Cielo contigo algún día feliz
Cuando todos los problemas y angustias realmente se desvanecen
Entonces disfrutemos de la belleza donde todas las cosas son nuevas
Quiero pasear por el Cielo contigo[1]

La canción me trajo mucho consuelo, pero luego fuimos al cementerio. Mientras me dirigiría al coche de la familia con mis hermanos y mis padres, se descubrió que no había espacio para todos nosotros, así que me instruyeron que fuera en el coche con mis tíos. Estaba mortificado. ¿Que acaso no sabían todos lo cercano que yo era a mi Abuela? ¿Que no todos se dieron cuenta de cuán difícil era para mí no estar con toda mi familia en nuestro coche? No es fácil para mí ahora ver cómo siempre me enfocaba en mí mismo. El enemigo había intentado de atraparme de nuevo. Nadie me estaba menospreciando. En todo caso, me estaban honrando por considerarme lo suficientemente maduro como para no tener que andar con los pequeños, que yo era lo suficientemente fuerte como para manejar esto solo.

Cuando los coches se subieron a la autopista, estaba sentado en el asiento trasero del coche de mis tíos y llore sin consuelo todo el camino hasta el cementerio. Juré entonces y allí mismo el no volver a estar cerca de nadie nunca más porque dolía demasiado perderlos. A pesar de que entré en una cáscara emocionalmente, Dios seguiría utilizando las cosas que Él me había enseñado a través de mi abuela Jernigan para eventualmente traer sanidad a mi corazón roto.

---

1. Palabras y Música por Milton A. Dodson, 1956 Dodson Music Co.

GOZO EN MEDIO EL DOLOR

De lo que has leído de mi historia hasta ahora, puedes estar pensando en lo miserable que mi existencia deber haber sido, pero eso está muy lejos de la verdad. A través de momentos de dolor y alegría, he aprendido que podemos enfocarnos en lo negativo o podemos enfocarnos en lo positivo. Ya tendiendo a ser una persona que ve el vaso medio vacío, me tomó un poco más de esfuerzo para llegar al lugar de ser una persona que ve el vaso medio lleno, pero ha valido la pena. Lo que he descubierto en el proceso es que Dios no desperdiciará nada, ni siquiera nuestras penas, fracasos o heridas, si sólo las traemos a él en honestidad y le pedimos que nos muestre SU visión en cada circunstancia.

A pesar de que mi vida estaba llena de heridas ocultas y una constante confusión, la vida era toda una aventura. Cuando miro hacia atrás, estoy realmente asombrado de todo lo que Dios me permitió disfrutar, incluso en medio de mi atormentada existencia de joven. Es fácil ver ahora que durante la mayor parte de mi juventud, estaba simplemente debajo de la mesa esperando las migajas mientras que todo el tiempo, Dios tenía un banquete para mí. ¡En realidad me estaba llamando para que viniera y me sentara en la mesa CON Él en presencia de mis enemigos! ¡Hablando de una aventura! La vida y sus muchas maravillas han continuado creciendo en los lejanos alcances de mi alma hasta tal punto que realmente puedo agradecerle a Dios por todo lo que he pasado para poder llegar al lugar de una relación íntima con Él.

Como familia, pasamos muchos fines de semana en el verano en un lugar llamado Horseshoe Bend en el Río Illinois, cerca de Tahlequah, Oklahoma. La pesca y la exploración fueron las cosas más prominentes en mi mente en aquellos días. Recuerdo unos cerdos salvajes tratando de comer nuestra comida y mi papá tener que esconderla en cajas de madera. Recuerdo mi mamá haciendo el desayuno cada mañana y freír pescado cada noche. Oh, cómo esos aromas me llevan a recuerdos agradables incluso hasta el día de hoy.

Mis padres nos conducirían varios kilómetros río arriba y nos dejarían nada más con nuestros tubos de neumáticos, lo que nos permitiría flotar durante horas hasta llegar al campamento. Muchas horas nos pasamos saltando y buceando desde las orillas y de muchos columpios de cuerdas que encontraríamos en el camino. Una vez, incluso nos tomamos nuestros turnos enrollándonos adentro de un tubo de neumático de tractor y rodando desde las orillas para caer en el río. Desde el momento en que era un niño pequeño, soñé con un día poder nadar solo al otro extremo del río. Todavía recuerdo la alegría y la sensación de logro que sentí la primera vez que lo hice. De pasar ratos con mis hermanos y primos y cuando jugábamos herraduras o cartas con mis padres sólo con la luz de una linterna, estos momentos de la unión familiar hicieron que mantuviera sano durante un tiempo muy difícil de mi vida.

Otra desviación de la pesadez de atracción al mismo sexo que sentía cuando era niño era mi amor por los caballos. Mi primer poni fue nombrado Spot. Spot fue atropellado por un coche en la carretera frente a nuestra casa y murió. Esto sucedió cuando tenía unos cuatro años. Aunque recuerdo sentirme REALMENTE triste, también recuerdo que quería otro caballo. Papá compró un poni Shetland de mi tío. Siendo un fan del Lone Ranger (Llanero Solitario), llamamos al pequeño inquieto poni "Silver". Recuerdo lo orgulloso que me sentía el día que mi padre ensilló a Silver y luego ensilló a su gran caballo, "Chico", y me dijo que le siguiera a través del campo y entrar por la puerta abierta de la propiedad del vecino. Montando en el campo, me condujo a un poso recién excavado, un estanque nuevo, y luego al cañón que todavía estaba seco y me llamó a seguirlo. Nunca he olvidado el asombro que sentí en la confianza de mi padre, que él me consideró lo suficientemente grande como para montar mi propio caballo detrás de él.

Después, papá me compró un poni Galés que llamamos Robin. Robin fue uno de los caballos más gentiles que he conocido. Mis hermanos y yo tuvimos la idea brillante de ver si Robin podía jalar nuestro pequeño vagón rojo si amarrábamos una cuerda a la silla de montar. ¡Y ella podía! Durante años, no era cosa rara ver a los hermanos Jernigan corriendo por el pastizal, un muchacho que conducía a Robin mientras los otros tres apretados en el vagón. Nos íbamos rápido alrededor, arriba y hacia abajo por el campo, y nuestro obstáculo favorito era las muchas terrazas que iban con el contorno de la tierra, (construidas en la década de 1930 para ayudar a conservar la tierra y para prevenir la erosión). Volamos sobre los baches, a menudo planeando en el aire en el proceso. Si nos estrellábamos, más nos reíamos. ¡Hicimos esto tantas veces que rompimos el vagón en pedazos, la manija y las ruedas delanteras se quedaban separadas del vagón por completo! Muchas fueron las veces que mi papá tuvo que soldar esas ruedas de nuevo.

Uno de nuestros pasatiempos favoritos a caballo era simplemente explorar el campo. En el verano, podrías encontrar a mis hermanos, a mis primos y a mí montando caballo. Nuestras aventuras a menudo nos llevaron a través de kilómetros y kilómetros de campo mientras explorábamos los numerosos arroyos serpenteando por las colinas y prados. Conocíamos todos los lugares dentro de un radio de diez millas donde podíamos maniobrar un caballo en cada situación y nos montábamos desde el amanecer hasta el atardecer. Jugaríamos a escondidas a caballo. Jugábamos a los vaqueros y a los indios a caballo, siempre discutiendo para ver quienes iban a ser los indios porque pensábamos que eran tan geniales.

Durante un verano en particular, mi madre no entendía por qué mis hermanos, mis primos y yo siempre parecíamos tan limpios después de estar montando caballos todo el día. Poco sabía ella de que antes de que termináramos nuestros paseos diarios, nos íbamos a la laguna atrás de la granja a nadar desnudos hasta estar totalmente agotados. Todo esto terminó el día que mi papá y mi tío decidieron llevar la camioneta, con todas mis primas en la parte de atrás para revisar el campo. Solo los vimos venir hasta que era demasiado tarde. Allí, dando la vuelta en la esquina de la laguna, llegó la camioneta llena de chicas riendo y gritando.

Por supuesto, tratamos de escondernos bajo el agua, pero sólo pudimos aguantar la respiración durante poco tiempo. No se me ocurrió hasta más tarde que, aunque pudiéramos haber estado escondidos indefinidamente bajo el agua, nuestra ropa colgada sobre la valla y nuestros caballos atados al lado eran una evidencia de nuestra actividad desnuda. Mi papá simplemente detuvo la camioneta y nos preguntó qué pensábamos que estábamos haciendo. Por supuesto que era bastante obvio, pero él continuó diciendo: ¡Váyanse a casa ahora!

Tan pronto como la camioneta y las chicas estaban fuera de vista, temerosamente pusimos nuestra ropa y montamos nuestros caballos y caminamos despacio como podíamos para volver a casa. Todos sabíamos que una nalgada nos esperaba una vez que estuviéramos allí. Y allí estaban mi papá y mi tío esperándonos. Mientras se quitaban sus cinturones para darnos nuestro debido castigo, mi abuela Jernigan intercedió. Hablando con mi papá, ella simplemente dijo: ¡Espera un minuto allí! ¡No te atrevas! Me parece recordar tu trasero blanco y flaco corriendo a lo largo de esa misma laguna cuando tenías su edad. Mi papá y mi tío se rieron y volvieron a ponerse los cinturones, nunca intentando realmente azotarnos. Éramos mucho más cuidadosos con nuestras aventuras desnudas desde ese momento.

Cómo me encantaban mis caballos y el tiempo que pude pasar en sus maravillosas espaldas. Mi recuerdo favorito de los muchos caballos que tenía era mi caballo,"Sugar", y los paseos semanales que tuvimos desde nuestra granja hasta el pueblo. Mis primos frecuentemente montaban sus caballos a nuestra casa. Entonces tomaríamos sacos y cabalgamos por los lados de la carretera los tres kilómetros hacia la ciudad, recogiendo botellas de cristal a lo largo del camino. Una vez en la ciudad, vendíamos nuestras botellas con la esperanza de tener suficiente dinero para comprar una hamburguesa y un refresco, y por lo general si lo lográbamos. Dios usó esos tiempos para formar esperanza y alegría en mi vida, aunque parecía que el enemigo tenía una manera de robarme esa misma esperanza y alegría.

Cuando era niño, tenía necesidad de encontrar formas para escapar de la angustia de mi lucha de la atracción al mismo sexo. Por supuesto que podía alejarme de todo en el piano cuando estaba en casa, y podía escapar cuando estaba montando mi caballo, pero ¿qué pasaba con los tiempos en la escuela donde la mayoría de mi trauma fue experimentado? No recuerdo en qué año descubrí libros, pero fue en mi tercer año que mi profesora me presentó al "Scholastic's Book Club", (Un club de libros). Una vez al mes, ella entregaba unos folletos asombrosos de esta empresa, y dentro de sus páginas maravillosas estaban fotos de las tapas de los libros junto con descripciones de lo que trataba cada uno.

No me tomó mucho tiempo descubrir las increíbles historias de" Marguerite Henry". Dentro de esas páginas podía ser transportado de océano a montaña y de poni a un caballo salvaje dentro de una cuestión de sólo unos pocos capítulos. Qué aventuras tan salvajes y locos escapes estos fueron para mí. Leí vorazmente. *"Misty of Chincoteague", "Justin Morgan Had a Horse", "Kind of the Wind", "Brighty of the Grand Canyon", and "Stormy, Misty's Foal"*. Y luego descubrí los escritos de Jack London y me encontré transportado a los climas del norte del Klondike y los viajes más increíbles en las páginas de *"The Call of the Wild"* and *"White Fang"*. La lectura me llevó a lugares de dolor increíble, pero siempre me transportó con seguridad dentro de la comodidad de mi propia alma y de alguna manera me dio la esperanza de que tal vez, sólo tal vez, podría yo lograr conquistar a través de la vida como lo hicieron los héroes de mis libros.

A pesar de que me resultaba cada vez más difícil creer que alguien podría amarme si sabían lo que realmente era, ahora sé que mis percepciones eran muy torcidas. Nos guste o no, la vida, con sus muchas vueltas y sus muchas circunstancias dañinas, tiene una manera de hacernos tan enfocados en nuestro interior, (al menos yo así lo sentía), que empezamos a sentirnos más como una víctima que como un vencedor. Mis padres SIEMPRE estuvieron allí para mí, pero debido a mi propia percepción deformada, ellos parecían muy distantes. Todo lo que tengo que hacer es mirar hacia atrás y ver todo lo que proporcionaron en el camino de la estabilidad, y soy rápidamente llevado humildemente a mis rodillas en acción de gracias a Dios que me hizo nacer dentro la familia en la que nací. Me estremezco al pensar cómo es que hubiera sido mi vida si mi papá y mamá no hubieran trabajado tan duro para proveer un hogar seguro y amoroso para nosotros niños.

Hicieron de la aventura algo fácil y accesible para mí, y hay mucho que decir acerca de eso. Al proporcionar un lugar de seguridad para mí, alentándome a correr riesgos, en realidad me estaban preparando para la mayor aventura de mi vida, la batalla por mi propia libertad; la aventura de las largas noches oscuras que mi alma encontraría en el camino; Y siempre, recordándome SIEMPRE, (incluso si nunca pudiera creer que fuera digno de ello), que mientras estuvieran aquí, tendría un lugar seguro para encontrar refugio y consuelo.

Serian muchos años antes de que esa aventura de libertad fuera realizada. Todavía faltaba la preparatoria.

ME GUSTA SOÑAR

Desde que tenía diez años, y después de escuchar a los hombres de mi iglesia, a quienes respetaba tanto, hablando de lo que pensaban de los homosexuales, me sentí atrapado como si de pronto me hubiera dado cuenta de que estaba encerrado en mi mente sin la posibilidad de escapar. Confusión mental gobernó el día y causó un profundo anhelo de que alguien se acercara y me rescatara. No me di cuenta en ese momento, pero estaba desarrollando la actitud mental de una víctima, que de alguna manera todo lo que me estaba ocurriendo era culpa de otra persona. A medida que miro hacia atrás, es fácil ver que incluso en circunstancias extremas, siempre tuve el poder de elección, para elegir cómo iba a responder.

La pubertad me golpeó con toda su furia cuando yo tenía once años, sólo causando más confusión en cuanto a quién era yo y lo que significaba ser un varón, un hombre. Lo que me envió claramente al borde del reino de la locura interior fue la muerte de mi abuela Jernigan cuando tenía trece años. Si yo sabía comunicarlo o no, yo estaba en modo de auto-preservación absoluta. Mi vida exterior continuó en modo de actuación muy calculado mientras mi vida interior se sentía completamente fuera de control. Anhelaba diariamente que alguien me rescatara de alguna manera de toda esta locura.

Ser etiquetado una mariquita por los niños mayores a una edad tan temprana tenía un efecto muy profundo en mi psique. Sin embargo cuando miro hacia atrás, no creo que cambiaría nada. No tendría la profundidad de la comprensión de mi verdadera identidad ni la profundidad de la intimidad con mi Dios que ahora disfruto si no hubiera soportado todo lo que viví. Eso es verdaderamente un punto de vista del Reino de Dios, que a pesar de que ocurren cosas malas, Dios está en control, ¡y usará esas cosas que son intencionadas para hacernos mal, para nuestro propio bien!

En realidad, las burlas de esos primeros años sólo se intensificaron a medida que pasaban los años. De hecho, el mismo muchacho que me había atacado en esa primera vez en el patio de recreo continuó su conducta de burla y acosamiento hasta el final de la secundaria. Además, había reclutado a varios otros muchachos a su grupo de torturadores. Como siervos de tortura maligna, este pequeño grupo de chicos parecía vivir sólo para hacer que mi vida sea lo más miserable posible. Temía ir a la escuela. Si podía llegar con mis amigos sin ser acorralado por este grupo de chicos, lo consideraba un buen comienzo del día escolar.

Nuestra escuela era pequeña. Promedio de alrededor de setenta y cinco estudiantes en toda la escuela de secundaria grados nueve a doce, entonces todos conocían a todos. Incluso en una escuela pequeña, los grupos se desarrollan alrededor de aspectos comunes como la raza y los intereses. A pesar de que la escuela tenía diversidad de razas, estaba dividida casi por iguales entre los blancos y afroamericanos, no había muchos problemas raciales cuando estaba en la escuela. Mi realidad era que tendía a identificarme más con los niños negros que con los niños campesinos y que resultó ser bastante problemática para mí en varias ocasiones. Era común que cuando salía de una clase, calculara mi mejor ruta a al siguiente clase mirando hacia arriba y hacia abajo del pasillo para evitar mis torturadores.

Al ser criados en una granja en una pequeña comunidad agrícola y ser de una escuela pequeña, la mayoría de nuestras opciones en temas de clase eran muy limitadas. Tomé un año de álgebra, (que por cierto me desconcierta hasta hoy), y varios cursos de agricultura vocacional. Yo estaba en 4-H en la escuela primaria, y también en la escuela secundaria era miembro de FFA (Futuros Granjeros de América). Quería mucho a mi profesor de agricultura, Gene Ross, y aprendí a soldar y a juzgar diferentes tipos de tierra, juzgar ganado y escribir discursos sobre la conservación de la tierra y otras temas similares bajo su tutela. Como pienso de mí ahora es que, ¡yo era Napoleón Dynamite mucho antes de que ese personaje cómico existiera!

Era como si viviera en dos mundos diametralmente opuestos, y polarmente opuestos: el mundo del baloncesto y mis amigos negros que me acogían fácilmente, y el mundo de la agricultura vocacional y los chicos campesinos que me despreciaban. Los campesinos hicieron muy evidente que me detestaban. Aunque algunos de mis amigos negros tomaron clases de agricultura vocacional también, había poco que podían hacer para protegerme la mayor parte del tiempo. Parecía una cosa común para mí encontrarme acorralado por los campesinos siempre que ninguno de mis amigos negros estaban allí.

¿Recuerdas a Lonnie, el muchacho que se burlaba de mí en mis días de la escuela primaria? Él creció. Me llamaba Bullhead (cabeza de toro) frecuentemente mezclado con los nombres regulares de maricón y mariquita, pero nunca por mi nombre. Y todos sus secuaces hacían lo mismo. El secreto sucio era que uno de sus secuaces era en realidad uno de mis compañeros sexuales. Cuando este chico estaba a solas conmigo, yo era su mejor amigo a quien utilizó sexualmente, pero este mismo muchacho se unía a los coros de burlas con Lonnie y los demás, dejándome demasiado asustado por el temor de que revelara mi homosexualidad. Ni una sola vez pensé en revelar su homosexualidad. El temor se ocupó de eso. Yo era un joven bastante confundido.

Yo era uno de los únicos niños blancos en nuestro coro de la escuela secundaria. Yo era el iniciador en el equipo de baloncesto, era el único chico blanco en el equipo muchas de las ocasiones a lo largo de mi carrera en la escuela preparatoria. Recibía mucha atención tanto dentro como fuera de la cancha debido a la yuxtaposición de ser la única cara blanca en un mar de marrón. Dos de los mayores afroamericanos, Steve y Lawrence, me llamaban cariñosamente ¨Black Boy¨ (Niño Negro.) Me encantaba. Tales palabras amables, incluso en broma, eran signos de la aceptación y aprobación que tanto anhelaba. Pero una vez, que los muchachos blancos se enteraron de esto, me llamaron" amante de negros". Y yo odiaba esa palabra. Por supuesto, los chicos blancos nunca me llamaban así cuando alguno de mis amigos negros estaba cerca, sólo cuando me tenían solo, acorralado e indefenso. Parecía que eran más valientes en número cuando se trataba de burlarse de mí. Nunca pensé en eso hasta que escribí estas palabras en esta página. No recuerdo haber sido molestado por un solo chico por sí mismo; Siempre fue cuando grupos de dos o más venían contra mí. Curioso.

Por supuesto, ser el único chico blanco en el equipo a veces llevó a algunos momentos muy conflictivos para mí también. Jugamos con muchas escuelas que eran todos blancos, y jugamos con otros equipos que eran todos negros. ¡Era difícil el no ser notado! Para empeorar las cosas, tuvimos una defensa estelar, defendiendo toda la cancha desde el comienzo de muchos partidos. Yo, siendo el punto de esa defensa, era mi objetivo el atrapar al miembro del equipo contrario entre yo y mi compañero de equipo y hacerle perder el control o perder la posesión del balón. Yo era como una mosca en la cancha, volando alrededor en la cara del enemigo y tratando de robar el balón. En otras ocasiones jugábamos equipos que tenían un jugador fuerte, y yo a menudo era asignado a ese jugador en una defensa muy cerrada. Mis cuatro compañeros jugaban una defensa de zona, mientras yo me pegaba al jugador contrario como pegamento, con el objetivo de que me hiciera una falta. En cuatro años como iniciador, sólo una vez tuve que salir por faltas. ¿Mi punto?

Hice la vida del jugador contrario tan miserable que a veces que le hice azotar la frustración hacia mí, queriendo golpearme o pegarme. Durante esos momentos tenía tanta confianza que simplemente doblaba mis brazos y decía: ¡Adelante, estás a punto de cometer el mayor error de tu vida! ¿Por qué estaba tan seguro? Porque sabía que una vez que mis compañeros de equipo vieran el enfrentamiento, me rodearían y me protegerían, vendrían a mi defensa. Éstas eran las mismas esperanzas que tenía para mi vida interior, que alguien me rodeara y me protegiera, y viniera a mi defensa. A pesar de que eso nunca pareció ocurrir en mi vida interior, Dios estaba usando las circunstancias externas de mi vida para pintar un cuadro muy vívido de lo que él ya estaba haciendo por mí y tratando de hacer en mí.

Con la llegada de la televisión y el mundo de la aventura que esta me abrió, y junto con los libros que leí, yo anhelaba la aventura. Ese anhelo, junto con mi necesidad de que alguien me rescatara de mi existencia desesperada, me hizo cautivo de un nuevo programa de televisión de la era que se llamaba *"Lost in Space"*, (Perdido en el Espacio). Yo solía estar tan involucrado en las tramas de la serie que me imaginaba ser el protagonista principal el niño, "Will". No sólo me imaginé cómo era la vida para Will, sino que a veces me imaginaba que ¡YO ERA Will!

Pero entonces un espectáculo aún más maravilloso fue introducido a mi mundo de aventuras, ¡Star Trek! Me ENCANTÓ Star Trek. Lo pensaba todo el día. ¿Qué sería la vida en el Enterprise para un niño? ¿Qué haría si estuviera en el puente de la nave? ¿Qué le diría yo a Scotty o Sulu o Usura o Bones o al Dr. Spock? ¿Y que si el Capitán Kirk fuera mi padre? ¿Cómo sería la vida entonces? Tan profundo era mi amor a todas las cosas de Star Trek que mis sueños en la noche se consumían con las aventuras que experimenté más allá de ver el programa.

Tan pronto como llegaba a casa de la escuela todos los días, me apuraba para hacer todas mis tareas, cenar con mi familia y luego ir al piano que mis padres me compraron después de que mi abuela Jernigan había fallecido. La música fue mi escape durante la tarde, pero los sueños fueron mi escape durante toda la noche. En cuanto mi cabeza tocaba la almohada, era de repente y mágicamente transportado a bordo del USS Enterprise. Mi papá era el Capitán James Tiberius Kirk. Cada noche desde los diez años de edad hasta mucho después de graduarme de la universidad, soné el mismo sueño.

Como era a menudo el caso en el programa de la televisión, había muchas formas de vida extraterrestres que buscaban a matarme. Cada noche yo sería capturado por estos extraterrestres. Su plan consistía siempre en matarme para castigar a mi padre, Capitán Kirk. Justo cuando estaban a punto de matarme, mi papá se materializaría repentinamente con su sistema de "phaser", no en el modo aturdir, sino en el modo ¨destruir.¨ ¡Con un tirón decisivo del gatillo y con la precisión de su puntería, mi papá eliminaba los extraterrestres justo cuando me despertaba!

En mis sueños mi madre era Doris Day, y me despertaba escuchando las palabras de su canción famosa, Que será, será, Sea lo que sea, será. El futuro no es algo que podamos ver. Que será, será. Cada mañana durante años me desperté sintiéndome rescatado, y al mismo tiempo sintiendo que debía de estar volviéndome loco para tener el mismo sueño noche tras noche, año tras año. Mirando hacia atrás, es muy fácil ver cuánto me amó el Señor y cuánto estaba tratando de comunicar esperanza y seguridad para mí que el rescate estaba en camino. Como un niño y un joven, simplemente no tenía la profundidad espiritual ni la conciencia para verlo en ese momento. Pero en mi memoria, ahora encuentro una profunda alegría y estoy profundamente asombrado en la medida en que Dios obró para que me enviara ese mensaje.

Recuerdo haber pensado: Si puedo pasar el día escolar, si puedo llegar a la práctica de baloncesto, si puedo llegar a casa, y hacer mis tareas y llegar al piano, entonces nadie podrá tocarme, especialmente en mis sueños. Durante mis días de la preparatoria y más allá, esa era mi existencia. Dios lo usó todo para desarrollar lo que yo llamo una actitud de asesino de gigantes, incluso si no me sentía como un asesino de gigantes en ese momento. Verás, Dios no desperdició nada, ni siquiera mi desesperación, ni siquiera mi soledad, ni siquiera mis sueños, ni siquiera mi fracaso, y había mucho de eso.

Una noche de verano, cuando tenía quince años, pasé la noche con un amigo. Durante esa noche, un miembro de la familia regresó a casa después de haber estado fuera durante muchos años. Este hombre era por lo menos veinte años mayor que yo y parecía ser muy amado por la familia. Después de unos minutos, era obvio que él era un hombre chistoso que amaba reír y burlarse, pero de una manera amorosa, si eso tiene sentido. Su burla, a pesar de que no me conocía, parecía que era afectiva, como si de repente tuviéramos una broma interna entre dos amigos que no se han visto en mucho tiempo. Realmente me gustaba estar cerca de él, especialmente porque él era mucho mayor de edad y más sabio en los caminos del mundo que yo. Era un hombre muy varonil, algo que me atrajo a él de inmediato porque yo siempre anhelaba ser así.

Durante la noche, yo estaba durmiendo en el sofá. Como sucedió fue que, la casa era pequeña y las habitaciones estaban llenas, así que este amigo de la familia simplemente hizo una cama en el suelo y procedió a dormir en la sala de estar a pocos metros de donde estaba dormido. A medida que pasaba la noche, desperté por alguna razón. Mientras estaba allí, podía oír a este hombre moviéndose, inquieto. Y entonces lo oí hablar: ¿Estás despierto? En una voz baja dije: Si.

Lo siguiente que supe fue que estaba allí desnudo en frente de mí, exponiéndose a mí. Aunque la habitación estaba oscura, había luz suficiente que entraba de la luz de la luna para permitirme ver que él se estaba poniendo muy excitado. Sin decir una palabra, me tomó por el brazo y me llevó a su cama y me hizo acostarme con él. No hay necesidad de que yo comparta más detalles que eso. La razón que comparto esto es porque esa era la primera vez que yo había estado con alguien sexualmente que no consideraba un compañero, alguien cerca de mi edad. El efecto que tuvo sobre mí fue tremendo porque este hombre no tenía ninguna de las cualidades externas afeminadas que había asociado con la homosexualidad hasta ese momento. Mi perspectiva cambió repentinamente. ¡CUALQUIERA podría ser gay! ¡Hablemos de confusión! Ya no tenía ningún indicio o señal de alguna ancla para asegurar mis pensamientos. Esa noche crucé a un reino para el cual no estaba preparado, un reino que asolaría mi vida de una manera que nunca hubiera imaginado. Como estar abandonado en un desierto estéril o en un planeta donde no había ninguna otra forma de vida, me sentía tan completamente solo y sin salida.

Al menos podía soñar…

ADELANTE Y MÁS PROFUNDO
EN EL ABISMO

De alguna manera, incluso en medio de las burlas que no cesaron de ese pequeño grupo de muchachos, logré sobrevivir a la preparatoria. A pesar de toda la confusión interna, realmente tuve muchos recuerdos felices. ¿Quién llega a jugar en tres torneos estatales de baloncesto en la preparatoria? ¿Quién llega a ser un agricultor estatal en la FFA? ¿Quién logra ganar el concurso de discurso en el 4-H de todo el condado? ¿Quién llega a pasar horas montando caballo y horas de pesca todo el tiempo que quiere? ¿Quién llega a acampar con sus padres y hermanos? ¿Quién puede crecer con sus primos? ¿Quién llega a tener una mamá y un papá que te apoyan, incluso cuando no te entienden? Sin embargo, es cierto que la corriente subyacente de mi vida interior nubló todo hasta cierto punto.

A lo largo de la preparatoria, sólo tuve lo que considero tres novias formales. Una relación duró menos de una semana, pero resultó en mi primer beso, cuando estaba en penúltimo año de la secundaria. Otra relación duró unas semanas, mientras que en la que estaba más en serio duró varios meses. Aunque yo pensaba que cada una de las chicas era físicamente hermosa, no tenía atracción sexual hacia ellas. Pero pensé que al salir con ellas y al besarlas, eso cambiaría. Nunca sucedió nada porque nunca sentí ninguna respuesta *allá abajo*. Solo seguía esperando y rezando para que algún día *eso* comenzara a funcionar.

Otro factor que me mantuvo algo puro en mis relaciones con el sexo opuesto era que mi madre me había enseñado a respetar a las mujeres. Además, porque yo era tan buen amigo con la mayoría de las chicas que conocía, escuché todas las historias de cómo se sentían utilizados por otros chicos, y nunca quise ser *ese* tipo. A pesar de que tuve sesiones besando esas tres chicas, nunca me sentí lo suficientemente confiada como para intentar nada más allá, y no quería que se sintieran usadas, lo cual es chistoso porque "usado" era como yo me sentía siempre con otros chicos.

Mi último año trajo consigo muchas oportunidades y elogios, al menos en la medida en la que una escuela pequeña de una ciudad pequeña y sus oportunidades podían permitirlo. Nuestra representante estatal me invitó a servir en la Cámara de Representantes Estatales. Este fue un gran honor para mí porque nunca había salido de la cancha de Baloncesto o del FAA en mis actividades escolares. Durante toda una semana entera, tuve el privilegio de ver el funcionamiento de nuestro gobierno estatal. La mayoría de las personas con las que traté durante esa semana eran de ciudades pequeñas como la mía, sin embargo, era fácil ver, hablando con otros estudiantes, que todos teníamos sueños de un mundo más grande que nos esperaba.

Con mucho temor es cómo me describiría a mí mismo cuando me enfrenté a la graduación de la preparatoria. Dar el discurso por ser el estudiante con honores era el momento más monumental para mí, en parte porque mi papá había sido el estudiante de honor de SU clase de graduación de la misma escuela y en parte porque era visto con mucha honra. No tenía ni idea de lo que haría después de la graduación, pero mis padres realmente querían que considerara la universidad, lo que significa que sería el PRIMERO en nuestra familia en ir a la universidad. Era una enorme carga. ¡Era salir a lo desconocido! Mis padres no pudieron ayudarme a prepararme ya que ninguno de ellos había ido a la universidad. Por primera vez me di cuenta de que estría solo, que la vida dependería de MÍ. Uno de los primeros pasos que yo tome para establecerme en ese mundo fue el visitar "Oklahoma Baptist University "(La Universidad Bautista de Oklahoma). Al crecer Bautista esto significó que recibí muchos materiales promocionales de esa universidad y sentí mucha presión de asistir, tanto auto infligido como de la otra manera. Durante la visita al campus, quería matar tres pájaros con una sola piedra: Quería ver si me aceptaban para el equipo de baloncesto, haría una audición para una beca de música, y tendría una idea si sentía que pertenecía allí o no.

Y tenía más que miedo cuando salí a la cancha de baloncesto y salude al entrenador asistente. Él me dijo que iba a jugar con el segundo equipo y que ¡jugaríamos contra el primer equipo! Mi miedo sólo se acentuó cuando cada jugador se acercó y me estrechó la mano, y yo seguía teniendo que mirar más y más alto sólo para hacer contacto visual. ¡Nunca me había ocurrido que yo era bajo de estatura con 5 pies 11pulgadas! Me acordé de cómo le había pedido a Dios que me hiciera de 6 pies 5 pulgadas de alto, pero Él nunca lo hizo, ¡Oh, cómo me hubiera gustado!

El juego estuvo muy bien. Pude mantenerme al paso con la práctica acelerada y realmente anticipé varios pases a tiempo para salir y robar el balón. No recuerdo si metí alguna canasta o no. Todo lo que recuerdo es que el entrenador se acercó a mí y me dijo: Lo hiciste muy bien, Dennis. Ahora mismo tengo varios jugadores por delante con un poco más de talento y un poco más de experiencia, así que no puedo ofrecerte una beca. Si quieres, puedo hablar con la universidad local, y probablemente conseguirte una beca de estudios allí. Eso te dará dos años para crecer y madurar en tu juego, y luego te invitaré de vuelta para otra prueba. Si decides no hacer eso, te daría la bienvenida a este equipo, pero tendrías que venir como un extra.

Investigando a la otra universidad , pronto me di cuenta de que no tenían ningún departamento de música y como mi meta era obtener un título de música, tuve que rechazar la oferta de asistir allí. Llamé al entrenador más adelante ese verano y le dije de mi deseo de seguir adelante con el equipo como un extra. Él estaba feliz de permitirme hacerlo, pero pronto dejaría el equipo antes de que hubiera la primera práctica. Más sobre eso en un momento.

Después de mi prueba de baloncesto, fui a las audiciones de música. Como estaría probando tanto como para una beca de piano y una vocal, simplemente preparé una canción que había cantado a menudo en la iglesia de Boynton. Cante: *"Por Esas Lagrimas Yo Morí"* y otra canción llamada *"Las Pequeñas Flores Nunca Se Preocupan."* Me sentí tan orgulloso de mí mismo porque tocaba y cantaba esas canciones perfectamente, a pesar de que los jueces parecían tener miradas desconcertadas de simpatía en sus rostros. Asumí que habían sido tan tocados por mi actuación, que sentían una profunda compasión. Nunca se me ocurrió que tal vez eso no era exactamente lo que los profesores que conducían las audiciones estaban buscando hasta que me invitaron a sentarme y ver otra audición. Cuando el aspirante estudiante entró, entregó sus partituras al acompañante musical. Anunciando que iba a cantar "Caro mío ben", por Tommaso Giordani, el pianista comenzó a tocar y el estudiante empezó a cantar la canción en el tono más bello y con la postura más precisa. Era la manera más apropiada que yo había visto, ¡como un cantante de ópera!

Mortificado de que yo fuera el campesino más crudo que seguro jamás habían visto, salí medio escondiéndome y me dirigí a la audición de piano justo a tiempo para escuchar a la estudiante haciendo su audición justo antes que yo, y estaba tocando la melodía clásica más intrincada que jamás había escuchado. Pensé, ¿eso es lo que quieren? Yo estaba casi demasiado avergonzado de seguir incluso con la audición, me sentí entumecido de humillación. Lo siguiente que sé es que la voz del profesor de piano me preguntaba: ¿Y qué selección tocarás para nosotros hoy, Sr. Jernigan? Mientras mi cara se volvía aún más colorida, les informé que estaría tocando ¨ *Por Esas Lagrimas Yo Morí*¨, por Marsha Stevens y *Las Pequeñas Flores Nunca se Preocupan* por Beth Barnard. Al menos había aprendido la etiqueta de audición apropiada de anunciar el título y el compositor. Después de tocar la primera canción, me preparé para lanzarme a la segunda, pero el profesor me detuvo, diciendo: Eso está bien, Señor Jernigan, hemos oído todo lo que necesitamos oír. En menos de una semana, usted recibirá una noticia sobre si recibirá una beca o no.

Después de la humillación de esas audiciones, el enemigo comenzó a tener un apogeo conmigo, llevando a mi mente a las profundidades de la auto-aborrecimiento, y de los pensamientos de desprecio hacia mí mismo. Mi impresión, cuando entonces recorrí el campus con el líder estudiantil asignado a dame el tour, era que todo el mundo estaba hablando de mí y señalándome y susurrando cosas como: ¡Ahí está ese campesino! ¿Puedes creer las canciones que él cantó para su audición? ¡Míralo! Él creía que era muy bueno hasta que él vio como la música verdadera suena. No recuerdo mucho acerca de la gira en el campus, porque todo lo que podía pensar era irme de allí y volver a casa, nunca mostrando mi cara humillada en esas partes de nuevo.

De alguna manera, reuní el coraje para empacar mis cosas al final de ese verano. Mis padres no fueron conmigo para ayudarme a entrar en el dormitorio. Mi prima, Donna, fue conmigo. Si no hubiera sido por ella, nunca habría tenido el coraje de pisar un pie en ese campus. Empaqué mi 1960 Ford Galaxia 500, (un coche de diecisiete años que le había comprado a mi papá), con todo lo que poseía y mi prima me siguió en su coche para que ella pudiera conducir de regreso a casa después de que me ayudara a descargar. Nunca olvidaré el temor terrible que se apoderó de mi ser mientras la miraba alejarse.

Mi primer compañero de cuarto era un estudiante en su último año. Eso duró sólo una semana cuando me dijo que necesitaba mudarse con un amigo cuyo compañero de cuarto acaba de avisarle que no iba volver a la escuela. Por supuesto, me sentí rechazado aunque su historia era probablemente verdad. Mi compañero de cuarto siguiente estaba comenzando su primer año también y todavía somos amigos hasta el día de hoy. Bien vestido y guapo, inmediatamente sentí una enorme diferencia entre nosotros. Dewey había crecido en una gran ciudad, y era evidente por sus posesiones que su familia era más próspera que la nuestra. Desde el primer día, nunca sentí que estuviera a la altura de Dewey, ni de nadie más.

Y luego había esos rituales de mañana incómodos de afeitarse y ducharse, nunca había estado desnudo en un vestíbulo con otros chicos, nunca. Y ahora, estar en una situación en el dormitorio de los hombres, donde no era raro ver a los muchachos completamente desnudos caminando desde su dormitorio hacia el baño para ducharse y una vez allí ver varios muchachos desnudos. Como no tuve ningún marco de referencia para esta nueva realidad, tuve la tentación inmediata de mirar. Yo era un chico de campo muy flaco con poco vello corporal entre lo que aparentaba ser un ejército de bestias peludas, machos, sin inhibiciones. Un niño entre los hombres reales. La tentación quería gobernarme muy a menudo, pero me tenía que decir a mí mismo que mirara hacia abajo y que hiciera mis cosas y salir de allí lo más pronto posible. ¿Mi miedo? ¡Una erección no deseada! El temor de que otros hombres me vieran excitado fue suficiente para evitar que eso sucediera, ¡gracias a Dios! Aquellos encuentros en el vestuario me tentarían con la atracción no deseada hacia el mismo sexo, sin embargo me endurecieron para poder mantener mi atracción sexual para los hombres un secreto.

La primera semana de clases era para darnos una introducción de las reglas de la vida universitaria, y también para conocer otros estudiantes. Pero en mi mente, era un esfuerzo monumental por alguna fuerza invisible del universo para que me sintiera tan humillado como siempre. El hecho de que pude soportar esa semana fue absolutamente un milagro para mí. Mi corte de pelo era totalmente fuera de moda así tipo campesino en comparación con los estilos que la mayoría de los otros chicos estaban usando. Mi ropa era anticuada y parecía como si fuera a un rodeo. No tenía nada en común con muchos de los otros estudiantes ya que la mayoría de ellos parecía haber venido de las grandes ciudades y preparatorias grandes y sofisticados. Y para colmo, teníamos que llevar unas gorras ridículas que señalaban nuestra posición de ser del primer año, los más bajos, y nos dijeron que así teníamos que saludar a los estudiantes que eran más avanzados.

Una vez que la escuela comenzó y el trabajo real del aula estaba en curso, la mayor parte de la humillación de la primera semana se me olvidó fácilmente. Debido a que tenía afinidad por la música, un buen oído, me colocaron en "Teoría de la Música B", de cuatro clases, esta era la segunda más alta. Después de un semestre, me colocaron en la Teoría de la Música A porque había hecho mucho progreso. Más sobre eso más adelante.

Para ser un estudiante de la teoría de la música en aquellos días, se requería ser parte de un grupo coral en el campus cada semestre. ¿Y cómo puedes formar parte de un grupo coral? Uno debe hacer una audición, por supuesto. Y aquí está como fue mi audición. Sr. Jernigan: ¿puede tomar ese octavo coral, ir a la segunda página y a la tercera estrofa, y leer la línea de contra alto en su registro? Podrían haber estado hablando ruso. ¡No tenía ni idea absoluta de lo que acaban de pedirme!

Fallé en la audición, obviamente. Pero, tenían un coro especial para chicos como yo. Lo llamaban "Shawnee Choral Society". Cada vez que alguien me preguntaba en qué coro me habían metido, murmuraría lo más silencioso posible, "Shawnee Choral Society", y me responderían con gran compasión: "Oh, está bien". Estaba tan avergonzado por esta nueva identidad y sentencia de vida que le di al coro otro nombre, ¡La isla de Juguetes Desajustados!

Pero espera, hay más, ¡humillación! ¿Recuerdas esos días que te conté que me sentaba en el piano de la abuela Jernigan y tocaba durante horas? Era muy común para mí hacer mis propias canciones, incluso de joven, aunque nunca supe cómo escribir cualquiera de ellas en una partitura musical. Cuando fuimos preguntados por los consejeros estudiantiles lo que nos gustaría que nuestra especialidad musical principal fuera, les dije que quería escribir, componer. Sentí que estaba en mí hacerlo.

Mi asesor me envió con el jefe del departamento de Teoría y Composición, diciéndome que primero debía solicitar un puesto en ese departamento. Sentado en el escritorio del jefe del departamento, anuncié: quiero escribir música. ¿Su respuesta sin vacilar? "Tenemos sólo unas pocas posiciones en este departamento, y las reservamos para gente en la que vemos potencial". Simplemente no vemos tal potencial en ti. Basadas en sus audiciones y habilidades demostradas hasta el momento, debo decir que no".

Sentí que no tenía donde buscar ayuda. En mi orgullo, no podía arriesgarme a decirles a otros en las mismas clases de música que me sentía inferior, que no había tenido las lecciones de música como muchos de ellos tuvieron en su niñez. Incluso temía decirles a mis padres. No queriendo que pensaran que no podía resolverlo y no quería que se les pusiera en la posición de decirme qué hacer en una situación en la que nunca habían tenido el privilegio de experimentar, no queriendo que se sintieran inferiores como ahora yo me sentía, me sentí muy solo.

Fui aplastado. Constantemente me sentía humillado, real o imaginario. Siempre deseando alcanzar a los demás, pero nadie parecía abierto a un campesino como yo. Además, no tenía experiencia en relación con otros varones. Sin embargo, anhelaba, ansiaba, la atención masculina. Los años de burlas y humillaciones que había soportado cuando era niño, parecían ahora amplificadas e intensificadas más allá de mi capacidad para compensar o actuar mi camino hacia fuera. Esto sólo llevó a un anhelo más profundo por la intimidad y la atención masculina y fue la configuración perfecta a una larga espiral descendente en la creencia de que yo no tenía esperanza, que yo era de hecho homosexual. Muy pronto encontraría a otros jóvenes que se sentían de la misma manera, y eso no sería bueno.

ENCUENTROS

M i primer año en la universidad me vio tener que negociar las dificultades de las cosas más simples. Nunca había solicitados un préstamo escolar y nunca había tenido que ir de departamento en departamento para inscribirme en las clases. Siendo un alma artística, tales esfuerzos tediosos eran tortura para mí. Además, tratando de enfrentarme a la terminología musical lanzada a mí era como ser metido en una habitación en la que todo el mundo, menos yo, ¡hablaba ruso! La mayor parte del tiempo en el primer semestre, no tenía idea de lo que estaba pasando. No fue hasta después del Día de Acción de Gracias que las cosas empezaron a tener algún sentido para mí, pero en cuanto lo hicieron, ¡empecé a volar!

Lectura de canto a primera vista era la cosa más intimidante que había encontrado. Por lo menos con las cosas teóricas, como se aplicaban a la notación musical, podía eventualmente descifrarlas, pero mirar una serie de puntos en líneas me dejaba completamente desconcertado. Cada vez que el maestro nos pedía que cantáramos un par de medidas de vista, trataba de esconderme detrás de alguien, ¡lo que no era fácil de hacer en una clase de quince estudiantes! Después de descubrir la idea de que estaba asignando un lugar numérico a cada nota de la escala, empezó a tener sentido para mí. Sin embargo, no tardé mucho en aplicar lo que escuché a lo que vi. ¡Un intervalo entre 1 y 4, un cuarto perfecto, sonaba como *"Here Comes the Bride"*, (Aquí viene la Novia), y el intervalo entre un 1 y un 3 en una escala menor sonaba como el comienzo de la Novena Sinfonía de Beethoven! En otras palabras, hice lo que pude para pasar.

Pero gracias a Dios, mi comprensión de la teoría de la música finalmente empezó a ponerse en marcha. Tanto es así, que después de los examines finales del primer semestre, me promovieron de la clase de la Teoría B a la clase de Teoría A, con la legendaria Katherine Timberlake. Su reputación era de intensidad y precisión; No toleraba ninguna tontería. Asustado por todas las historias que había oído hablar de ella, entré a su clase con mucho temor y temblor. Siempre que le decía a alguien que iba a estar en su clase de teoría, la respuesta siempre fue una mímica burlona en un tono chillón de la Sra. Timberlake: ¡Mantén el ritmo! ¡Mantén el ritmo! Me anticipe a esperar ser despedido de su presencia en el momento en el que no pudiera mantener el ritmo.

Lo que encontré, sin embargo, fue todo lo contrario. Desde el primer día de su clase, mi impresión fue de profundo respeto y honor porque rápidamente se hizo evidente que no quería nada más que lo mejor de sus estudiantes y estaba tratando de llevarnos a la excelencia. En lugar de presionar a sus estudiantes como esperaba, encontré que era una de las maestras más alentadoras que había encontrado. ¿Era dura? ¡Sí! ¿Era intolerante con la pereza? ¡Claro que sí! ¿Lo haría todo de nuevo si tuviera que enfrentarla en clase una vez más? ¡Absolutamente! Lo que obtuve de esa maravillosa dama profundamente afectaría mi vida mucho más allá de mis estudios escolares. Ella me ayudó a equiparme para componer canciones de maneras que estaré por siempre agradecido. Gracias a ella, puedo escribir una canción mientras estoy abordo de un avión sin la ayuda de un instrumento musical porque puedo ver y escuchar donde las notas van en un pedazo de papel manuscrito. Ella me desafió, y estoy muy contento de haberlo hecho.

Después de un mes de entrenamiento vocal, sentí que debía de haber más para mí que aprender de lo que estaba aprendiendo de mi instructor de voz privado. Al ir al decano de la música al final de ese semestre, le pregunté si podía cambiar a otro estudio vocal. Me habló de otro instructor vocal que se uniría a la universidad como artista en residencia y que necesitaba llenar su estudio. Yo estaba un poco escéptico, pero me aseguró que ella, la Dra. Jeri Graham Edmonds, era una verdadera especialista de todas las cosas vocales, y sucedió que el profesor de voz de la Dra. Graham Edmonds estaría dirigiendo un recital esa misma noche. El decano me animó a ir porque me dijo que sería una buena indicación de lo que sería la Dra. Graham Edmonds.

Esa misma noche, asistí al recital vocal en el que me presentaron a la voz de Madame Elena Nikolaidi. Teníamos que asistir a un cierto número de recitales cada semestre, y yo estaba en la necesidad de llenar mi cuota de todos modos, así que pensé: ¿Qué podía salir mal? Cuando descubrí que la Sra. Nikolaidi tenía más de setenta años, yo estaba incrédulo, pensando a mí mismo: ¿Qué tan buena podría ser esta dama? Y entonces ella comenzó a cantar, con la voz de un ángel, ¡con la claridad y la pureza de una edad de dieciocho años! Yo estaba cautivado y había sido retado, y pensé para mí mismo: Si ella suena así de increíble a los setenta, ella debe estar haciendo algo bien. ¡Aprenderé de uno de sus estudiantes! Así comenzaron tres años y medio de los años más difíciles de entrenamiento vocal que este mundo ha conocido.

La Dra. Jeri, (como la llamábamos) requería que grabáramos cada sesión vocal de treinta minutos en su estudio y luego repasaremos las técnicas durante la semana usando las cintas como referencia. Ella nos requirió aprender la anatomía física del cuerpo que produce la voz. Ella nos requirió practicar varios ejercicios de respiración diariamente. Ella requirió que tradujéramos cada palabra de nuestras canciones de arte de lengua extranjera en inglés, para que pudiéramos entender lo que estábamos diciendo con el fin de emular mejor la canción. ¿Pero lo más increíble que me enseñó? Que el poder de la voz es el aliento, y que la palabra para el Espíritu Santo de Dios en la Escritura es la misma palabra en la traducción en griego para el aliento. Ella me enseñó cómo utilizar todo mi cuerpo como un conducto de la respiración. Ella me enseñó que el verdadero poder de cantar se encuentra dentro del poder de Dios.

Después de una lección vocal muy estresante y conflictiva, comenté: ¡Nunca voy a cantar una aria Italiana o una canción de amor en francesa o una canción folclórica alemana en la iglesia! ¿Cómo es que esto es relevante para lo que quiero hacer? Ella me dio una de esas miradas de acero típicas de la Dra. Jeri, se sentó al piano y comenzó a cantar una canción de adoración al Señor. ¡Después de unos segundos, era obvio que ni siquiera sabía que estaba allí! Después de terminar la canción, me sentí realmente humillado. Ella continuó la lección con pasión.

"Quizás usted nunca va a usar una pieza aria o de ópera en la adoración, pero las técnicas vocales que me ayudan a relacionarme con usted son invaluables. No hay ninguna

razón por la que no se pueda cantar una canción pop o una canción de rock o cualquier otro tipo de canción con una técnica excelente. No hay excusa para no usar la mejor técnica posible, joven. Si haces lo que yo te digo, cantarás hasta el día de tu muerte. Si haces lo que te enseño, puedes cantar sin obstáculos durante horas y horas. Si haces lo que yo digo, te ayudaré a aprender a hablar correctamente, e incluso a gritar correctamente para preservar el instrumento vocal. Trabaja duro para mí, y te lo mostraré."

Por los próximos cuatro años, trabajé durísimo para ella. Sabía que no era el cantante más talentoso. Tenía varios estudiantes que podían cantar a la estratosfera con la mayor facilidad y con un control tan delicado que casi sonaba surrealista, tan mágico era su tono. Pero mi mejor triunfo vino a mí de la Dra. Jeri en la última lección que tuve con ella. Ella comenzó: "Usted no tiene la mejor y más grande voz. El titubeo estaba a punto de volverse incómodo, cuando ella continuó: "Pero tú eres mi mejor estudiante. Has hecho todo lo que te he pedido y aún más. Estarás cantando cuando tengas noventa años de edad". Me derritió, sintiéndome superado con tal afirmación. ¡Finalmente, mi desempeño estaba siendo reconocido!

Debo agregar esto: Veo a la Dra. Jeri de vez en cuando y he tenido ocasión de preguntarle sobre mi técnica. En el momento en el que terminaron los tres años y medio en su estudio, las técnicas de control de respiración, control del cuerpo, la colocación de la respiración y la reducción del estrés para librar la voz se habían vuelto tan naturales que ya no tenía que pensar en ellas; Es simplemente la forma en la que canto ahora. Pero todavía quiero asegurarme de que estoy cantando con la técnica adecuada, y que no hay ningún error en lo más mínimo. En el 2011, fui invitado a cantar para la reunión de Oración Inaugural del Gobernador de Oklahoma Mary Fallin, y ¡la Dra. Jeri fue la productora! Después de cantar, le pregunté a Jeri: ¿Cómo está mi técnica? ¿Su respuesta? Estarás cantando cuando tengas noventa.

Cuando el frío de invierno de Oklahoma comenzó a llenar el aire en el primer otoño en la Universidad Bautista de Oklahoma, me di cuenta de que no tenía un abrigo de invierno, y el que había usado en la preparatoria estaba muy desgastado. Llamé a mis padres y les pregunté si podían comprarme un abrigo. Me dijeron que el efectivo era demasiado escaso y que tendría que apartar uno e ir pagándolo como pudiera. Ese mismo día fui al Wal-Mart local y encontré el abrigo más barato que pude encontrar y lo aparté dejando sólo cinco dólares de anticipo para que me lo apartaran. Esto era embarazoso a veces, no tener abrigo en el invierno, tratando de hacer que otros pensaran que simplemente no tenía necesidad de un abrigo, que yo era macho, no quería que pensaran que yo era pobre.

Durante este período de tiempo, no podía pagar la gasolina de mi coche y tenía que caminar prácticamente a cualquier lugar si no podía conseguir que un amigo me llevara. La necesidad de un abrigo nuevo y la necesidad de gasolina me obligaron a buscar un trabajo para completar mis ingresos inexistentes. El servicio de comida de la universidad tenía varios puestos disponibles, así que presenté mi solicitud y conseguí dos trabajos. Cada mañana servía el desayuno, y cada noche servía la cena. Después de servir el desayuno y después de servir la cena, iría directamente a la cocina a lavar todos los platos que acababan de ser utilizados. Al principio me sentía tan denigrado cada vez que alguien que me conocía venía a través de la fila, pero después de unas semanas, mi existencia de subordinado ya era más soportable…casi. No había tardado mucho tiempo para que los muchachos populares deportistas se enfocaran en mí. Una sensación familiar pasó por todo mí ser la primera vez que vi y oí a uno de los chicos machos inclinarse hacia su compañero mientras me miraba: Allí está un maricón. Como aprendí en la preparatoria, fingí que no había oído ni visto nada, fingí que todo estaba bien.

Durante ese primer semestre, tuve mi primer encuentro sexual con otro varón mientras estaba en OBU. También en el departamento de música, este joven y yo hicimos una amistad. Ambos estábamos en la clase de Teoría B, y ninguno de nosotros tenía idea de lo que estaba pasando, así que teníamos mucho en común. Pasando más y más tiempos juntos, comenzamos a desarrollar una dependencia emocional entre nosotros. Nunca había experimentado sentimientos de celos sobre otro varón, pero con él, lo hice. Si pasaba tiempo con otro amigo, me sentía herido. Si hablaba con otro hombre durante demasiado tiempo, me sentía amenazado. Y, al mirar hacia atrás ahora, el me respondió de la misma manera.

Un fin de semana, su compañero de cuarto se fue a casa, y me invitó a pasar la noche en su habitación. Mientras hablábamos, comenzamos a meternos en el tema de las cosas que habíamos experimentado en la preparatoria. Él había sufrido de burla. Lo habían molestado. Había experimentado con otros chicos sexualmente. Una cosa llevó a otra, y nos encontramos muy pronto cediendo en nuestra propia experimentación sexual. Tan pronto como terminó el encuentro, me sentí tan avergonzado, en parte porque había pasado tanto tiempo sin un episodio de impureza sexual, y en parte porque sentía que lo había llevado a la inmoralidad sexual. Inmediatamente busqué su perdón, diciéndole cómo me sentía y expresó sentimientos similares. Salí de su habitación sin pasar la noche, con mi mente estaba tan perpleja de culpa y vergüenza. Sin embargo, estos encuentros sexuales irían y vendrían durante los próximos tres años.

De hecho, en los próximos cuatros años en OBU, yo descubriría lo fácil que era ser tentado con el sexo entre hombres y cuántos otros se sentían atrapados de la misma manera que yo me sentía. Nuestro problema era que a pesar de que nos sentimos avergonzados y con culpa después de cada encuentro, sentíamos que no teníamos a dónde ir por ayuda. Como lo hizo en la preparatoria, el ciclo de fracaso sexual, culpa y vergüenza posterior siempre conducían a más fracaso y aún más culpa y vergüenza…y a dolor. Se sentía como si estuviéramos en un océano de todas las cosas que separan de Dios, pero no había salvavidas a Él. Como en mis años más jóvenes, la condena que sentí por parte de la buena gente de la iglesia y sus actitudes religiosas me impidieron jamás atreverme a compartir mi carga con otra persona fuera de mi círculo de amigos homosexuales.

Pero un rayo de esperanza estaba en camino.

UN DESTELLO DE ESPERANZA

Al escribir esta historia personal, me doy cuenta de que muchos de los que me conocían durante mis años universitarios, e incluso mis años en la escuela primaria y secundaria y preparatoria, podrían tener dificultades para creer que experimenté todo lo que hice. Pero, ¿Qué no es esa la naturaleza del pecado, permanecer tan oculta como sea posible? No sólo quería evitar que se descubriera la vergonzosa naturaleza de mi pecado, sino que tenía la apariencia externa de ser un buen chico y de no ser descubierto para revelar la verdadera debilidad y fragilidad de mi existencia. Realmente fue un acto de malabarismo emocional. Y yo era un buen actor.

Durante mi primer año en OBU, me presentaron a varios hombres jóvenes que luchaban con la atracción al mismo sexo. Con uno sólo de esos chicos experimenté un fracaso sexual ese año. Aún en la actitud de actuar a todo mi potencial, experimentaría fracaso con ese chico y me iría a la penitencia, castigándome con vergüenza y culpabilidad y planeando una agenda de desempeño que de alguna manera me ayudara a encontrar la libertad, y lo que es más importante, mantenerme lejos de la ira percibida de Dios que sentía que Él siempre dirigía a mi camino. Esto se convirtió en un ciclo repetido. Fracasar sexualmente, hacer buenas obras. Fracasar sexualmente, pretender que nada había pasado. Fracasar sexualmente, estar tan sobrecogido por la culpa y la vergüenza que yo decidía asistir a la iglesia con más fidelidad, a ser amable con la gente, y a hacer todo lo que pudiera para servir. El orgullo y la vergüenza eran un poderoso equipo en mi vida. El orgullo me impedía buscar ayuda. La vergüenza me mantuvo seguro en el fango del futuro fracaso sexual.

Durante los próximos tres años. me encontraría con muchos jóvenes que se acercarían a mí, y en mis temporadas de orgullo, les rechazaría diciendo que yo no era gay. Sin embargo, esos mismos jóvenes seguirían persiguiéndome, diciéndome que SABÍAN que yo era gay, SABÍAN que yo los quería, y SABÍAN que eventualmente me iba rendir y ceder, y cada vez que empecé a racionalizar, estarían allí para ayudarme a aceptar mi "verdadera" identidad. Yo sabía que tenían razón, pero tenía este problema persistente: ¡Simplemente no quería ser gay!

Dos de esos jóvenes se convirtieron en queridos amigos míos, pero como sabía que luchaban con problemas iguales a los míos, salí de mi camino para tratar de preservar la amistad, es decir, nunca me permití entrar en una situación sexual en donde podría hacer algo con ellos que no quería hacer. Mi percepción era que las relaciones homosexuales eran por placer, simplemente, y no quería que mis amigos se sintieran usados, nunca.

En mi segundo año, uno de estos amigos tuvo una espiral emocional, tuvo un colapso mental, de simplemente tratar de no ser gay. En un intento de consolarlo, fui a su habitación y le dije que yo también luchaba con mi identidad sexual, pero la consideraba una anomalía, que era de hecho anormal, pero algo que pensé que podría ser arreglado. De hecho, le dije, de un joven en el campus que había sido curado. El rumor era que este hombre, que era de una familia muy rica, había recibido consejería profesional para el desorden, y había tenido éxito. No tenía idea de si el rumor era cierto, pero me sonaba bien. El amigo al que estaba tratando de animar no me creyó. Y, si soy honesto, tampoco lo creí.

Durante este tiempo, de vez encubando salía con mujeres, esperando ser visto como normal y esperando que estas citas de alguna manera me arreglaran. A veces un amigo venia conmigo, él con su chica, y yo con la mía. Ambos estábamos bajo el supuesto de que si podíamos estar con las mujeres lo suficiente, nuestros deseos empezarían a transformarse. Ambos fracasamos horriblemente, (más sobre eso más adelante), él yéndose de cabeza directo al estilo de vida gay, abrazando totalmente la homosexualidad como su identidad. Cuando contrajo SIDA unos años después de nuestra graduación de la universidad, me llamó y me preguntó si yo podría cantar en su funeral. Le aseguré que sería un placer, pero que no dudaría en contar acerca de mi propia libertad en caso de que surgiera el tema, (lo sé, me estoy adelantando un poco). Me dijo que estaría bien con él. A su muerte, recibí la noticia de su familia de que habría hombres parados en la puerta de la iglesia para evitar que yo entrara, para no traer falta de respeto a una vida y a una identidad sexual que la familia había llegado a abrazar. Mortificado y herido, tristemente no fui al funeral. Esto no sería la única vez que esto ocurriría en mi vida. Pero regresamos a la historia.

Un joven era tan persistente y tan perseguidor que él estaría, como de "coincidencia", en las duchas cuando estaba allí. Al estar en el hábito de tratar de ducharme cuando nadie más estaba allí, él reconoció mi rutina y estaría allí siempre que salía de la ducha. En una ocasión me agarró mi pene. Retrocedí con repugnancia y horror, diciéndole: ¡Que nunca lo hiciera de nuevo! ¿Todo lo que dijo? Sabes que te ha gustado, puedo verlo en tus ojos. Por extraño que parezca, aunque me sorprendió realmente su avance inapropiado, sentí algo que ansiaba. Me sentía deseado.

Después de encuentros similares durante las siguientes semanas, sentí que había ganado suficiente poder sobre estos avances, que empecé a bajar mi guardia, fingiendo que estos avances no me molestaban en absoluto, y no eran gran cosa el rechazarlos. De hecho empezamos a desarrollar una especie de amistad. Sabía que a menudo se burlaban de él los machos en el campus porque era gay, así que sentía una necesidad de ser su amigo, sólo para hacerle sentirse valioso. En un fin de semana en particular, se dio cuenta de que me sentía solo, la mayoría de mis otros amigos se habían ido ese fin de semana y yo tenía que quedarme a trabajar. Simplemente dijo:"Ven a pasar la noche en mi habitación. Mi compañero de cuarto se ha ido el fin de semana. Sólo podemos hablar".

Mientras nos preparábamos para la cama, se desnudó, anunciándome que dormía desnudo. A partir de ahí empezamos a hablar de todo tipo de cosas, desde sentimientos personales hacia Dios hasta profundas cosas ocultas que no habíamos compartido con nadie más. A medida que nuestra conversación se hacía cada vez más sexual, empezó a hacer movimientos sexualmente sugestivos, y finalmente me preguntó si quería tener sexo con él. Todavía no le permitía que me tocara, pero me sentía como un completo fracaso al permitirme estar en semejante posición. Yo fui llenado de vergüenza inmediatamente, esperé a que se quedara dormido para poder escabullirme de la habitación y revolcarme en mi vergüenza en mi propia habitación, solo. ¡Qué vida!

La tentación. La lujuria. El fracaso. La vergüenza. La culpabilidad. El lamento. La penitencia. Actuando para la aprobación de Dios una vez más. Caminando en mi propia fuerza una vez más. Sentirme bien conmigo mismo si mi actuación estaba a un nivel lo suficientemente alto (¡sea lo que era eso!). La tentación. Repetir el ciclo una y otra y otra vez. Durante los años siguientes, todavía me decía a mí mismo que no era gay, que de alguna manera seria arreglado, casi caminando en completa negación. Es curioso, pero vivir por la actuación siempre tiende a llevar a la destrucción, y yo estaba bien en el camino. Serían varios años en los que descubriría el secreto para poner fin a los juegos de perfeccionamiento y aprender el valor de las relaciones reales, el amor real, la intimidad real ordenada por Dios, y la libertad de la atracción por el mismo sexo.

A pesar de que me sentía sin esperanza y solo la mayor parte del tiempo, puedo mirar atrás y ver vislumbres preciosos destellos de la mano de Dios en mi vida, incluso en la universidad. Durante mi primer año, fui y me presentaron la música cristiana contemporánea. Hasta ese momento, la música cristiana más contemporánea que había escuchado era la música del Gospel del sur que veíamos en la televisión cada domingo por la mañana en un espectáculo llamado *"Gospel Singing Jubilee"*, que incluía artistas populares como los "Florida Boys", los "Speers", y la "Happy Goodman Family". También recuerdo haber oído al abuelo Jones cantar el Gospel del sur en un programa popular que se llamaba *Hee Haw*. Por supuesto, también tuve un álbum de nada menos que el mismo Elvis Presley. Esa fue la extensión de lo que consideré la música cristiana contemporánea desde el momento en que era un niño, pero todo cambió.

Una compañera del primer año, una amiga de Albuquerque, New México, me entregó una grabación de un popular grupo de rock cristiano llamado 2nd Chapter of Acts. Cuando me entregó el álbum, me sentí atraído por el trio de aspecto medio desordenado en la portada. ¿Música hippie?, pregunté exasperado. ¿Quieres que escuche música hippie?

Ella continuó diciéndome cómo esta banda había ayudado a introducir el Movimiento de Jesús. ¡Nunca había oído hablar de semejante cosa! Cuando ella siguió, me sorprendió de haberme perdido muchas cosas que habían sucedido, pero también muestra cuán lejos y retirado yo había vivido mientras crecía. El "movimiento de Jesús" fue un avivamiento espiritual que comenzó en el sur de California entre la juventud de la cultura hippie a finales de los

1960´s y se extendió rápidamente por toda la nación durante los años 1970 y llegando a su fin en los años ochenta. Me había perdido casi todo.

Ahora intrigado, escuché la música de *2nd Chapter of Acts*, Anne Herring y sus hermanos Matthew y Nellie Ward. Mientras escuchaba sus increíbles armonías familiares, estaba hipnotizado. Mientras escuchaba las palabras, fui desafiado y convencido de que no conocía a Dios como estas personas parecían conocerlo. Y cuanto más llegué a conocer las vidas de esta familia musical, más descubrí que tal vez, sólo tal vez, había esperanza para mí. ¿Por qué creí eso?

De alguna manera oí la historia de Anne (Ward) Herring. Una buena niña católica de Dakota del Norte. Fue a Los Ángeles para lograr algo en el negocio de la música. Firmada por una importante discográfica para ser la próxima Janis Joplin. En busca del sexo, las drogas y la vida de rock-and-roll, Anne Ward quedó embarazada. Dos veces. Dejó a esos bebés en adopción. Ella conoció a un productor muy reconocido, Buck Herring. Se casaron y pronto nacieron de nuevo. Sus vidas habían sido revolucionadas por el amor redentor de Dios. Dentro de dos años de uno a otro, los padres de Anne fallecieron, dejando a su hermana y hermano, Nellie y Matthew, en necesidad de un hogar. Dios los envió a vivir con su hermana mayor y su esposo.

Cuando Anne buscó conocer al Señor, y cuando aprendió a recibir Su amor, las canciones comenzaron a fluir de ella. No sabiendo tocar el piano, simplemente confiaba en que Jesús le mostraría dónde colocar sus manos, y esta inundación increíble de canciones comenzó a derramarse sobre ella. Junto con Nellie y Matthew, el trío comenzó a cantar en cafeterías de la ciudad, y de pronto estaban firmando un contrato de grabación con una empresa secular.

En su primera grabación, llamada *"With Footnotes"*, *había una canción llamada "He Loves Me" (Él Me Ama)*. La letra de esa canción empezó a perseguir mi mente de una manera buena. Cantando y gritando al final de la canción: ¡Él quitó mi pecado y vergüenza! ¡Él quitó mi pecado y vergüenza! ¡Él me ama! ¡Él me ama! ¡Él me ama! ¡Aleluya! Me sentí al mismo tiempo atraído por la música y por la posibilidad de que Dios me amaba como amaba a Anne, pero yo estaba desanimado por mi propio auto evaluación de que no había manera de que Dios pudiera amarme.

Nunca había escuchado esas letras. Al principio me quedé incrédulo de que, puesto que estas canciones no eran de un himnario, debían de alguna manera ser pagana. ¿Qué tal mi indignación auto justificada y mi plena estupidez?

A veces me enojaba tanto por lo que cantaban, simplemente porque no podía creer que Dios me pudiera amar como parecía que Él amaba esos cantantes, y a veces yo permitía que mi necesidad actuara para recibir aprobación nublara mi percepción. Parecía que ellos tiraban la idea de tener que actuar para recibir aprobación, que de alguna manera, ¡Dios simplemente los amaba por quiénes eran!

Causaron confusión en mi cabeza. Causó tanta controversia dentro de mí que lloraba innumerables lágrimas en las sesiones escuchando el disco completo tocándolo una y otra y otra vez de principio a fin, a veces tocando una sola canción repetidamente, levantándome del piso, limpiando mis lágrimas y dejando caer la aguja en la ranura del disco para comenzar la canción que necesitaba escuchar de nuevo, (¡pregunte a sus padres o abuelos sobre dejar caer la aguja!) Esto duró cuatro años, desde mi primer año hasta mi último año, e incluso más allá. Pero había alguien a quien Dios quería que yo escuchara, otro músico que me desafiaría y me mantendría buscándolo a Él, incluso cuando sentía que era algo inalcanzable.

INALCANZABLE

Siendo tan nuevo en el mundo de la música cristiana contemporánea, nunca había oído hablar de la mayoría de los artistas populares de la época, los pioneros, las leyendas. A finales de los 70 y principios de los años 80, me presentaron la música de "LoveSong", "Dallas Holm", "Andrae Crouch and the Disciples", "Larry Norman", "Resurrection Band", "Phil Keaggy", "Michael and Stormie Omartian", "Nancy Honeytree", "Reba Rambo", and "Evie Tornquist", y me sentía como si hubiera muerto y ¡me hubiera muerto eh ido al cielo musical! Fue como si todos mis sueños más inimaginables se hubieran hecho realidad. Aquí estaban increíbles músicos y compositores cantando canciones que nacieron de sus propias vidas, ¡que eran pertinentes y uno podría relacionarse con ellas! ¡Estaba tan acostumbrado y programado para reverenciar los himnos de la iglesia que me costó darme permiso para amar esta música! Mientras amo los viejos himnos de la fe, encontré pocas canciones relacionadas con mis luchas personales. La música de Anne Herring y 2nd Chapter of Acts fue la primera, pero luego vino otra.

Creo que fue en la primavera de 1978 cuando escuché por primera vez el nombre, Keith Green. Otro amigo de mi clase de teoría me mostró un álbum de este hombre que parecía un salvaje con su barba larga y su pelo rizado. Este amigo me dijo que Keith estaría en nuestro campus en concierto esa misma noche y que él pensó que amaría su música y mensaje. Cuando llegué al concierto sólo había unos 200 estudiantes allí. Mi pensamiento personal fue, ¿Qué tan bueno podía ser este tipo si sólo unos pocos estudiantes se presentaron? ¡Estaba a punto de estar totalmente sorprendido!

Cuando salía al piano, no había ninguna banda en el escenario, pensé que no se veía como una celebridad, como si estuviera totalmente normal, para no llamar la atención sobre sí mismo. Mi reacción al verlo, por alguna extraña razón, fue que él parecía a lo que yo imaginaba que Juan el Bautista debía de haberse parecido. Y Keith comenzó a hablar, y pensé dentro de mí: *"Sí, ese es Juan el Bautista*, tan ardiente en su manera de hablar, tan lleno de pasión. Mientras hablaba, era muy valiente en sus creencias. Él parecía tan insistente y firme que todos los que asistieron llegaron a conocer a Jesús, REALMENTE conocerlo, no sólo tomar Su nombre. Me sentía con tanta convicción de que de alguna manera sabía que me estaba escondiendo, jugando juegos. Pero, entonces Keith comenzó a cantar y yo estaba deshecho.

Estaba perdido en una fantasía que me cegó hasta que tu amor la rompió… Nunca había oído a alguien cantar una canción tan apasionadamente. Era como escuchar la canción de Anne Herring, Él Me Ama, por primera vez. A medida que pasaba la noche, era como si Keith olvidara que estábamos allí, ¡tan intimas eran sus conversaciones musicales con Dios! Como escuchar en una conversación privada entre dos mejores amigos, me sentí incómodo al principio con una intimidad tan desvergonzada. Me preguntaba si debería estar escuchando. Pero el efecto fue tan simple, tan real. La conciencia en cada parte de mi ser que Dios estaba allí en medio nuestro era inevitable, como si el peso de Su presencia fuera tan real que podría haber cortado el aire con un cuchillo. Yo estaba reducido a temor y temblor y sentimientos de estar siendo amado.

Como el enemigo lo tendría, pronto causó confusión en mi propia mente. Tuve pensamientos como: *"Esa canción es para Keith, no para ti Dennis. Tú no eres digno de cantar esa canción a un Dios tan santo, qué hipócrita eres, fingiendo que Dios podría amarte cuando todos los que te rodean en este lugar conozcan la verdad. Son demasiado amables para decirte lo patético que piensan que tú eres."* Pensar tales pensamientos después de breves encuentros cara a cara con Dios siempre destrozó la esperanza que había logrado sentir. Durante los próximos años, junto con la música de Anne Herring, Dios usaría la música de este hombre para evitar que me quitara mi vida.

Vivir mi vida de actuación me dejó tan vacío por dentro. En aquellos días, me aferraría a cualquiera que me mostrara un poco de atención. A veces eso funcionó para bien, la mayoría de las veces, no tanto. Pero por mi necesidad de actuar para ser aceptado por otros, yo jugaba los juegos religiosos del día, fingiendo con lo que la muchedumbre religiosa consideraba espiritual. Había un grupo en el campus llamado el Baptist Student Union, (ahora llamado Baptist Collegiate Ministries), encabezado por un hombre llamado Bob Burgess. Yo había oído que había un programa de discipulado ofrecido por BSU y había escuchado muchas historias de cómo Dios estaba transformando las vidas de los estudiantes a través de ese programa. Mi primera reacción al ser invitado a asistir a una reunión de BSU fue pensar: "no quiero estar cerca de esos exclusivos y presumidos espirituales". Sentía que todos de la BSU me menospreciaban. Eso era una mentira, pero yo lo creía de todos modos.

De mala gana, decidí asistir una noche. Principalmente la desesperación me llevó allí. Después de esperar para hablar con él, casi salí porque muchos estudiantes clamaban por su atención, así que como de costumbre permití que la voz del enemigo me influyera. Él no tiene tiempo para ti. ¿Ves cómo presta atención a los estudiantes adorables? Eres un perdedor miserable. Cuando me di la vuelta para salir, una voz me llamó desde algún lugar de la multitud.

Oye Dennis. ¡Espera un minuto!

Volviéndose para ver quién había hablado, Bob salió del grupo ¡y se dirigió directamente hacia mí! Sentí como si me derritiera y que iba empezar a llorar justo allí. Bob inmediatamente me recibió, y me agradeció por asistir, y como Bob sólo podía hacerlo, se dirigió directamente al corazón del asunto preguntándome: ¿Por qué viniste, Dennis?

Un amigo me invitó, respondí.

No, Eso no es lo que quiero decir. ¿Por qué estás aquí? ¿Qué necesitas? ¿Cuáles eran sus expectativas? Sintiéndome atrapado en un rincón sin lugar a donde correr, respondí con un tartamudeo: Yo…Yo…Um..A..Quiero ser discipulado. Quiero ser más como Jesús. Por supuesto, esto era simplemente el "acto" más religioso que podía poner para que él me apreciara, y para que me dejara pertenecer. Creo que Bob vio a través de mi actuación, pero siguió la conversación.

Si de verdad lo dices en serio, te asignaré un compañero de discipulado y te daré nuestro libro de estudio de discipulado. Se te pedirá que vengas cada semana con tu lección estudiada y que estés dispuesto a ser responsabilizado y dar cuentas en todas las áreas de tu vida. No queremos controlarte. Solo queremos ayudarte a empezar a contemplar las mentiras que estás creyendo y ayudarte a aprender a rechazarlas y mejor creer la verdad.

Como una broma que va directamente sobre la cabeza de una persona ingenua, las palabras de Bob significaron muy poco para mí en ese momento. Mi expectativa era que me dijera lo bueno que era, ser regado con alabanza, ser aceptado por la élite religiosa (como yo los veía) para ser amado. Por supuesto, después no podría con el curso porque mi mente no podía añadir una capa más a la carga pesada de las actuaciones que ya estaba viviendo. Yo evitaría a Bob por el resto de mis días en OBU, y eso no fue fácil. Cuatro días a la semana, la BSU patrocinaba una reunión de adoración llamada "Noon Days" en una pequeña capilla del campus. Durante treinta minutos los estudiantes empacaban la pequeña estructura, sentados hombro con hombro y todos los pasillos llenos la mayoría de los días, y cantaban cantos de adoración a Dios. Bob por lo general se sentaba en algún lugar por delante, así que podía evitarlo fácilmente si me metía por la parte trasera de la capilla sin que me viera. Aunque yo no sabía por qué en ese momento, me sentaba allí y cuando empezábamos a cantar, de repente, los sentimientos de soledad, la depresión y la desesperación se iban, me dejaban. Y cada vez que me sentía lo suficientemente confiado como para unirme con el canto, los sentimientos se elevaban a alturas aún mayores. ¡Alegría! ¡Éxtasis! Paz. Amor.

Cada vez que iba, salía sintiéndome victorioso. Pero estos sentimientos se disipaban demasiado rápido cuando la realidad de mi vida volvía a enfocarse. Por unos breves momentos, había alcanzado y realmente encontrado aquello que había estado buscando. Pero con rapidez, esos sentimientos siempre fueron reemplazados por la abyecta y absoluta realidad de que estaba tan lejos de la esperanza de esa sensación de que en realidad yo era inalcanzable. Desesperanzado era mi segundo nombre. Y, por supuesto, esta yuxtaposición de la oscuridad y luz me enviaba de regreso a la espiral descendente desde la altura elevada que me había imaginado que estaba. Aunque ahora lo sé no pude ver que tales momentos, por breves que fueran, eran en realidad la mano de Dios tratando de alcanzar mi vida y rescatarme. Qué tonto fui en aquellos días.

Había otros pequeños vislumbres de Dios tratando de alcanzar mi vida. Durante mi segundo año, mencioné a una de las chicas en el coro que nunca había tenido una fiesta de cumpleaños sorpresa y cuánto algo así significaría para mí. Sin pensar más en ello, seguí haciendo mis cosas como de costumbre.

Luego una noche, poco después de esa breve conversación con mi amiga, ella me llamó y me pidió que fuera a su dormitorio para ayudarla con algo. Cuando llegué a la entrada principal, esperaba verla allí esperando por mí. Después de unos minutos, entró desde de la sala y me pidió que la siguiera. Cuando entramos en la habitación oscura, las luces se encendieron de repente, y un coro de gente empezó a gritar: ¡Feliz Cumpleaños! Estallando en la canción, este maravilloso coro de amor me abrumó tanto que empecé a llorar, y llorar y llorar.

¡Y entonces comenzaron a bañarme con regalos! Cuando uno se siente tan poco amado como me sentía en esos días, las emociones se vuelven tan impactantes que con el más leve de los jalónes sentimentales, toda esa emoción reprimida comienza a derramarse. Eso es exactamente lo que me pasó. Durante la siguiente hora, sentí amor que no había sentido en mucho tiempo. Como un príncipe en la corte del rey, me sentía tan honrado, querido, que tenía valor…y amado. Y luego me subieron un coche y me llevaron a pasar por el pueblo, riendo y simplemente estando alegres por el simple hecho de que estábamos juntos. Como con esas reuniones de "Noon Day", sentí un descanso glorioso de la presión normal de tener que actuar para recibir aceptación. Pero al igual con las reuniones de "Noon Day", los sentimientos fueron destrozados cuando la fiesta se acabó y tuve que caminar de regreso a mi dormitorio…solo.

Recuerdo haberme sentido tan derrotado y haberme preguntado si esos maravillosos sentimientos que acababa de experimentar podrían ser una realidad constante en mi vida. Como un hombre perdido en el desierto, burlado por el espejismo de un oasis de amor, aceptación, de gozo y de paz, sólo para bucear en medio del pozo y subir con un bocado de arena y amargura. Pero no te preocupes, mis sentimientos de que no valía nada serían validados muy pronto, y realmente entendería el sentimiento de ser inalcanzable… sin esperanza.

CITAS CON UNA MUJER PARA LA CURA

Fue mi primer día de clases de teoría de la música mi segundo año de universidad cuando mi vida cambió para siempre, pero no tendría ni idea de la magnitud de ese cambio durante varios años. Ella entró al salón y se sentó en la primera fila. Yo, por supuesto, me senté en la fila de atrás con la esperanza de que nunca me llamarían a responder a una pregunta.

Melinda Hewitt era absolutamente hermosa, y parecía saberlo. Con el cabello castaño oscuro que caía alrededor de su cara perfecta, sus ojos azules enviaron ondas a través de mi cuerpo y me quedé mirando esos labios increíbles que me recordaron a una de mis actrices favoritas, Bernadette Peters. Yo estaba encantado con la belleza impresionante de Melinda, pero no sentí ni un poquito de atracción sexual hacia ella. Mientras los otros chicos trataron cualquier cosa para llamar su atención, me quedé sentado tímidamente en mi asiento y pretendía estar tan excitado por ella como los demás. Una cosa es apreciar una gran belleza, pero otra muy distinta es tratar de sentir cualquier atracción sexual hacia esa belleza cuando no hay ninguna. Y ahí es donde me senté firme durante las primeras semanas.

A menudo, mientras yo estaba sentado allí mirándola, me imaginaba estar casado con ella. Podía vernos criar a los nueve hijos que tendría un día (ese era un pensamiento que había tenido desde que era un niño, que un día seria papá de nueve hijos. (¿Ves que loco me había convertido?) Por supuesto, sentí que si alguna vez podía invitarla a salir y ser romántico con ella, ella nunca diría que sí porque estaba en otra liga. Pero cuanto más lo pensaba, más me ponía a pensar en una manera de arreglarme. Si alguna vez pudiera salir con una chica tan hermosa físicamente, tal vez simplemente estar cerca de ella lo suficiente comenzaría a cambiar mi forma de pensar, y la excitación sexual VENDRÍA algún día como un resultado de mis pensamientos hacia una persona del sexo opuesto.

Confiando en uno de mis amigos que era tan gay como yo era, él me animó a pedirle que saliera conmigo, y estábamos de acuerdo que no iba perder nada, y posiblemente podría ayudar. Justo un grupo de nosotros estábamos planeando un viaje a Six Flags en Texas. Sabiendo que Melinda era de Dallas, asumí que quizás estaría más inclinado a ir conmigo ya que era un área muy familiar para ella. Y tal vez quiera ir conmigo solo para conseguir un viaje gratis a su casa, ¡aunque eso involucrara a un campesino flaco, sin valor como yo!

Así que me levanté el ánimo y me acerqué a ella después de la clase. Algunos de nosotros vamos a Six Flags este fin de semana. ¿Te gustaría ir conmigo?

Ella me miró con gran simpatía. Me preparé para el gran rechazo. "Lo siento mucho, pero ya tengo un compromiso para este fin de semana y no puedo ir, pero me gustaría mucho. Pregúntame de nuevo en algún momento." Todo lo que escuche fue: Lo siento, pero no, habiendo desarrollado el criterio más útil de escuchar una cosa, pero inventar y creer otra. Pasaron varios meses antes de que yo le pidiera salir de nuevo conmigo. Poco lo sabía, pero Melinda honestamente tenía algo más de lo que no se podía deshacer. Y aún había una sorpresa mayor, que fue el hecho de que ella sinceramente, ¡QUERÍA ir conmigo, que me ENCONTRÓ atractivo, y de que yo le gustaba a ella ASÍ!

Como ella y sus amigas lo tendrían, comenzaron a diseñar un plan para que yo le pidiera otra vez salir conmigo. Tan ingenuo era yo a los caminos y las astucias de una mujer que no me daba cuenta de cuantas veces Melinda casualmente estaba afuera del salón de mi clase de psicología, a pesar de que no tenía una clase en ese edificio. Nunca se me ocurrió que ella, por pura coincidencia, estaría practicando su pieza de piano en el salón a lado del mío en el "Ford Music Hall", y entrar en la puerta de mi sala de práctica sólo para decir "hola". Y luego lo mejor de todo, salí de "Ford Music Hall" y cada ventana de mi Galaxie 500 cubierta con las impresiones de los labios de Melinda con lápiz labial rojo, esos labios maravillosos de Bernadette Peters.

Sin saber qué hacer, pensé en marcharme y fingir que no sabía de quien era ese carro, pero entonces un par de mis amigos empezaron a bromear. "¿Quién hizo esto?" "¿Quién te quiere?" "¡Dinos!" Podía sentir mi cara cada vez más roja mientras la vergüenza tomaba el control. Inmediatamente supe quién era. Les dije que Melinda lo había hecho, y actuaron como que era lo más imposible en el mundo de creer, que alguien como ELLA, ¡consideraría salir con alguien como yo! Honestamente estaba de acuerdo, pero al mismo tiempo estaba intrigado.

No teniendo ni la menor idea de cómo acercarme a ella de nuevo, ya que había pasado mucho tiempo desde la primera vez que la había invitado a salir, le confesé a una de sus compañeras del cuarto de Melinda, Judy, que ni siquiera sabía CÓMO invitarla a salir. Pero no tenía que temer; Judy había estado involucrada desde el principio y yo acababa de entrar directamente en la trampa muy elaborada y el plan que ellas habían preparado para mí.

Sin perder un momento, Judy fue directamente al guion con una actuación digna de un Oscar. Dennis, ella estará corriendo en la pista esta noche a eso de las seis, y estoy un poco preocupado por su seguridad. Creo que podrías impresionarla simplemente ofreciéndole correr con ella o a cuidarla mientras ella corre. Sólo aparece en la pista, y apuesto a que le encantara la compañía.

Con la precisión de un cirujano, el plan funcionó perfectamente (¡su plan!). Me presenté en la pista y la vi correr hacia el lado donde la esperaba. Una vez allí, simplemente dije: ¿Estas corriendo sola? A lo que ella respondió: Sí, pero estoy bien.

La caballerosidad entró en acción y me encontré diciendo: Me sentiría más cómodo que estuvieras aquí si no estuvieras sola. "¿Te importaría si corro contigo?"

No, claro que no. Realmente me encantaría la compañía.

Ni una sola vez se me ocurrió que ella había usado la misma frase exacta que Judy había usado para que yo llegara allí, me encantaría la compañía. Cuando terminamos nuestra carrera, empezamos a hablar, y mientras hablábamos, ella me preguntó por qué no le había pedido salir otra vez. Después de explicarle cómo es que me había sentido rechazado, ella continuó diciéndome que realmente no pudo ir pero que ella honestamente había querido ir conmigo. Con eso, hice lo cosa más atrevida que recuerdo haber hecho hasta ese momento, la tomé de la mano, me incliné sobre su hermoso rostro, y la besé.

Ese mismo año decidimos cantar una canción juntos para el show de talentos de la escuela. Mientras nos acercábamos el uno al otro desde los lados opuestos del escenario, cantamos la canción *"Suddenly"* (De repente) de la película de Olivia Newton John, *Xanadu*. *"De repente las ruedas están en movimiento y yo, yo, yo, yo, yo de repente me lleno de emoción."* En ese momento sentí una conexión emocional con ella que duraría durante los próximos tres años, aunque esa emoción nunca me movió a la excitación sexual hacia ella. Siguió dándome una especie de esperanza de que si seguía fingiendo, finalmente lo lograría. Seguimos saliendo de vez en cuando el resto de ese año. Y de vez en cuando el tercer año y también en el último año. Siempre que sentía mucha presión venían las rupturas de nuestra relación. Antes de cualquier banquete o ceremonia de entrega de premios en la que se esperaba que venias acompañado, huiría porque en mi mente eso significaba que nos estábamos poniendo serios en nuestra relación, y no veía la forma de rendirme a una relación seria en la cual no tenía esperanza de encontrar plenitud sexual. Encima de eso, estaba la presión de que nunca sería capaz de satisfacer sus necesidades físicas.

Nuestra ruptura final fue absolutamente desgarradora. La forma en que lo llevé a cabo fue, malvada, cruel, fea y errónea, pero sentía que tenía que hacer que aquella quien tan obviamente me amaba, llegara a odiarme totalmente. ¿Para qué? Para que pudiera olvidarse de mí y pasar a tener una vida mejor que la que podría tener conmigo. Lo que me dejó sobre el borde emocionalmente no tuvo nada que ver con Melinda. Además de Jesús, ella es lo mejor que me ha pasado. Que ella todavía esté conmigo hasta el día de hoy es nada menos que un milagro desde mi punto de vista.

Por mucho que yo quería que Melinda fuera mi cura, ella no lo era. Ella no podría serlo. Mientras estaba con ella, me sentía con esperanza, pero con un acto de traición por parte de alguien en quien más confiaba, mi mundo y todos los pensamientos de esperanza se derrumbaron en completa ruina y devastación.

LA NOCHE QUE CAMBIÓ TODO

A lo largo de los cuatro años de mi carrera en la universidad, tuve momentos de abstinencia, no de libertad. El temor de ser descubierto me impidió ser más promiscuo de lo que era. Más de una vez escuché a otros estudiantes decir cosas en voz baja sobre mí. Me miraban y susurraban con un amigo: "Él es un maricón", o "Allí esta ese maricón del que te estaba hablando". Fingía que no me daba cuenta, pero ellos querían que me diera cuenta. Un verano compartí un departamento con algunos amigos. Un día que estaba disfrutando la piscina del departamento, oí a varios chicos alrededor de la piscina burlándose y señalándome. "¿Por qué todos los maricones están en la piscina todos los días?", Dijo un chico lo suficientemente alto para que lo escuchara. Aquí es donde vienen a fijarse en los traseros de otros, respondió el otro, "Demasiados homosexuales por aquí".

Fueron momentos como estos que no sólo me enviaron de vuelta a los recuerdos de mis días en la preparatoria, sino que también sirvieron para enviarme a un espiral cada vez más profundo y sin control de desesperación. ¿Mi razonamiento? Si todo el mundo podía ver eso en mí, ver lo que sentía yo, entonces debía ser cierto. No había salida. No había esperanza. En momentos como estos, simplemente fingía no oír y encontraba cualquier excusa para volver al departamento a esconderme.

Mientras el verano llegaba a su fin y mi último año de la universidad comenzaba, un sentimiento que había sido capaz de reprimir la mayor parte de mis días en la universidad empezó a subir incontrolablemente a la superficie. Sabía que la escuela pronto se terminaría, y Dios no me había encontrado ahí. Durante años le había rogado que me cambiara, y nada había cambiado; Sólo había empeorado. ¿Qué haría una vez que terminara la universidad? ¿Cómo podría ser capaz de enfrentar las realidades del mundo, más específicamente, mi homosexualidad, con cualquier apariencia de cordura? Me sentía como si el mundo se acercara cada vez más a mí, y que pronto todo el mundo sabría todo sobre mí. No sería capaz de mantener mi farsa para siempre. Eso fue cuando los pensamientos de suicidio se hicieron reales por primera vez en mi vida.

Yo era un hombre desesperado. Como siempre había hecho, mantenía viva un poco de esperanza. Aún quedaban algunos meses de escuela antes de la graduación. Tal vez Dios podría intervenir y liberarme de la esclavitud de la homosexualidad. Le supliqué a Dios que me cambiara. Noche tras noche mientras me acostaba en la cama, me preguntaba cómo podría ser ese cambio. Recuerdo que me sentía más desesperado que nunca, preguntándome si alguien se atrevería a interesarse por mi vida, a interesarse por mí, no por lo que hago por ellos sino por ser simplemente YO.

Me sentí completamente sin valor. Me consideraba más bajo que un gusano que se arrastraba por la tierra. Pero esos pensamientos se rompieron el día que oí a alguien llamar mi nombre. Dando la vuelta para ver quién me había hablado, me sorprendió darme cuenta de que alguien como él se atreviera a hablar con alguien como yo. Yo, el gusano, hablando con un líder cristiano de nuestra comunidad, esposo, padre, religioso, respetado ciudadano, conocido por todos. Al principio pensé que debía haber llamado a alguien más, que había oído mal, pero luego me llamó de nuevo.

"¿Cómo estás, jovencito?", me preguntó. Yo estaba pensando, ¿Cómo sabe quién soy? Pero respondí tímidamente: "Estoy bien".

"¿Cómo van tus estudios? Me han impresionado tus participaciones en el Glee Club."

"Muchas gracias, señor".

"Me gustaría conocerte". "Uno de los llamados de mi vida es caminar junto a hombres jóvenes como tú y ayudarles si puedo. Podría solo orar por usted, o por lo menos ser un hombro comprensivo en el cual tú puedas apoyarte, mientras te preparas para graduarte".

Me quedé impactado, sin embargo me sentí muy valorado. Y en cuanto pasaban los días, cumplió con lo que había dicho. Cada semana me llamaba para preguntar cómo iban mis estudios. Me preguntaba si tenía alguna carga con la que él pudiera orar conmigo. En otras ocasiones, el sentía que estaba siendo abrumado por un reporte o por la preparación para un examen, así que venía al dormitorio, me recogía y me llevaba a tomar una Coca-Cola. Su amor por las películas también fue inspirador para mí porque el cine era una escapada maravillosa para mi alma cansada. ¡Me llevaba al cine y pagaba por *todo*! ¡Hablemos de sentirse amado, y valorado y que valía la pena! Lo que no me di cuenta era que estaba haciendo una gran inversión en mi vida, y me sentía cada día más libre. Curioso, pero el amor tiene una manera de dar libertad a un corazón, ¿no?

Cuando comenzó el semestre de otoño de mi último año, decidí no irme al dormitorio, si no rentar un departamento para poder estar solo y tan lejos como fuera posible de la tentación y de lo que yo percibía que los otros pensaban de mí. Cerca del final de ese semestre, mientras que vivía en el departamento, un compañero de estudio que sospechaba que también luchaba con la atracción al mismo sexo, pasó a visitarme. Se sentó en mi cama mientras yo estaba recostado. Después de unos minutos de conversación, se acercó cada vez más a mi lado de la cama, y de repente, había puesto su mano en mi muslo. Empecé a entrar en pánico. ¡Había estado tan bien, y ahora *esto*! Lo corté, y fingí que nada había sucedido y simplemente le dije que había olvidado que tenía que reunirme con alguien en el Centro Universitario. Tan pronto pude sacarlo fuera del departamento, me asaltaron una vez más muchos pensamientos homosexuales intensos. Sentí como si un peso aplastante hubiera sido puesto en mi mente, y en ese momento me sentía tan desesperado como siempre. Pero al menos ahora tenía a alguien a quien podía acudir. Sólo tenía una sensación de que mi amigo podría ayudarme.

En mi pánico, lo llamé y le dije: "¡Tengo que hablar!"

"¿Qué es?", él preguntó.

Temblando de miedo y desesperación, dije: "Hay algo que estoy escondiendo. He estado escondiendo desde hace mucho tiempo. Tengo temor de decirte o a cualquier otra persona lo que es. Estoy tan avergonzado. Necesito ayuda. Realmente necesito ayuda."

Después de colgar el teléfono, salí fuera y esperé a que él me recogiera. Cuando su coche se detuvo, sentí un gran alivio. Sabiendo que alguien pensó lo suficiente de mí para venir por mí, ya me hacía sentir rescatado. Cuando me senté, comenzó a conducir. Le pregunté dónde podríamos hablar más en privado. Me dijo que su amigo tenía un departamento y que no estaba esa semana, que por eso él lo había estado cuidando. Podríamos hablar allí, y nadie nos oiría. Me aseguró que estaría a salvo allí. Me sentí tan bien al tener a alguien simplemente entender mi necesidad de sentirme protegido y cuidado de la manera que este hombre, que respetaba tanto, demostró hacerlo hacia a mí. El pánico había comenzado a retirarse y la confianza estaba tomando su lugar.

Cuando entramos en el departamento, me dijo que me sentara. Se sentó en una silla frente a mí donde podía hacer contacto visual directo conmigo. Sintiéndome tan avergonzado, no podía soportar la idea de decepcionar a este hombre con lo que iba a decirle. Era tan paciente conmigo, tan cariñoso. Mi miedo comenzó a disminuir simplemente por su disposición a esperar mi disponibilidad. Paz.

"¿Qué pasa, hijo?" Preguntó después de sentir que estaba listo.

Empecé con gran vacilación. Aunque yo había compartido mi secreto con otros hombres al ser sexualmente activo con ellos, esto era diferente. Este era alguien que no era contaminado por la atracción por el mismo sexo. Era alguien en quien confiaba y respetaba, y, en última instancia, alguien que sentía que podía ayudarme.

"Estoy muriendo por dentro, comencé. He estado ocultando algo toda mi vida, y me está aplastando. Siento que mi cabeza va a explotar la mayor parte del tiempo. No puedo evitarlo. No sé qué hacer, y tengo miedo de cómo responderás."

Tocando mi mano, dijo: "Hijo, no hay nada que puedes compartir conmigo que no haya oído antes. No hay nada que puedes compartir conmigo que pueda impedirme amarte." "Puedes confiar en mí…cuando estés listo. Solo tomate tú tiempo. "

Como si agua helada corriera por mis venas, empecé a temblar. Sentía que iba a desmayarme, y recuerdo haber pensado que en ese momento, la pérdida de conciencia realmente sonaba como algo bueno. Mientras me sentaba allí por un par de minutos más, él otra vez tomó mi mano y comenzó a apretarla, diciendo: "Solo dime. Estará bien."

En ese momento sentí una fuerza de confianza en mí. Volviendo la cara hacia arriba por primera vez en esta conversación incómoda, le miré a los ojos y dije: "Creo que soy homosexual. No sé qué hacer. ¿Me puedes ayudar?"

Él con calma me miró directamente a los ojos y dijo: entiendo completamente.

Esa frase, entiendo completamente, envió ondas de alivio a través de mi mente. Sentí que el frío se disipaba y un calor de esperanza reemplazaba el frío de mi cuerpo. Dejé de temblar y sentí una paz absoluta. Era como si todo el peso del mundo se hubiera levantado repentinamente de mis hombros, y entonces sucedió.

"Realmente te entiendo", continuó, "Más que tú lo sabes."

Tomándome de la mano, me levantó de la silla, me llevó a la recamara, y me hizo acostarme en la cama. Comenzó a decirme cómo tenía esos mismos sentimientos por mí, y comenzó a desabrochar mis pantalones.

Me di por vencido. Después del encuentro, permanecí en silencio. Como si mi mente se hubiese entumecido de lo que acababa de suceder, mis emociones murieron en mi esa noche. Las palabras que deberían haberse dicho no podían ni siquiera ser formadas debido al dolor abrasador en mi mente en ese momento. Ahora sé que estaba en shock. Recuerdo sentir como si ni siquiera estuviera presente en la habitación cuando el encuentro estaba teniendo lugar, como si estuviera en algún lugar por encima, viendo algo suceder que no debería estar sucediendo, pero ESTABA ALLÍ. Y no quedaba nada. Nada.

Cuando volvimos a mi departamento, trató de conversar conmigo y dijo: Te das cuenta de que esto es normal para ti y para mí. No podía creer que el pudiera hablar; Yo no podía hablar. Seguía diciendo: Esto es otra forma en la que Dios nos hizo para amar, y esto *es* amor, hijo.

Hijo. Él seguía llamándome hijo.

Cuando se detuvo delante de mi departamento, tomó mi mano en las dos suyas, las apretó y comenzó a orar. Pensé que iba a vomitar. Después de que él había dicho amen, preguntó: ¿Cuándo puedo verte otra vez? Simplemente bajé del coche y nunca volví hablar con él. El daño había sido hecho.

Como si estuviera atrapado en un torbellino sin ninguna manera de calmar la tormenta, mi mente se arremolinaba con culpa, vergüenza y pensamientos. Me sentí traicionado. Me sentí usado. Habido cometido adulterio… ¡con un *hombre*! Subí las escaleras y entré mi departamento, cerré la puerta con llave, encendí el calentador de gas y no encendí la llama. No podría hacer esto más. No podía continuar. Ya no podía más.

Un montón de pensamientos locos empezaron a dar vueltas en mi cabeza. Mis padres estarían mejor sin mí. Mis hermanos no tendrán que avergonzarse de su hermano maricón. El mundo será un lugar mejor sin mí. Y así sucesivamente. Ahora que miro hacia atrás y recuerdo haber pensado tales pensamientos, es fácil ver cómo me había centrado en mí mismo, ¡como si pudiera saber lo que era mejor para mis padres o mis hermanos! ¡Como supiera más y mejor que Dios sobre mi vida! Mientras yacía allí, una paz extraña se apoderó de mí. No tendría que luchar mucho más, y eso perecía maravilloso.

Después de un par de minutos, me había acostumbrado al olor de gas, pero entonces un pensamiento comenzó a anular todos los otros pensamientos que se agolpaban en mi mente: ¿Estás listo para la eternidad? ¿Sabes lo que te espera ahí afuera? ¿Estás realmente listo para morir? No podía contestar esas preguntas con un sí. Empecé a entrar de nuevo en pánico, tanto que me levanté del suelo y rápidamente apagué el gas. Sentado de nuevo en el suelo, simplemente hice esta declaración a mí mismo: "Esta es la forma en que nací. Deja de pelearlo, hombre. Sólo *se* quien tú fuiste creado para ser, y la paz vendrá."

Y llegó la paz.

RECUERDA A MELINDA

Cuando el semestre de otoño de 1980 terminó, yo estaba más confundido que nunca, pero extrañamente en paz, simplemente por haber llegado a la conclusión de que la atracción del mismo sexo era mi suerte en la vida. Todavía tenía momentos de pensar que podía arreglarme si sólo lo intentaba más, así que seguí viendo a Melinda de vez en cuando, pero poco. Salimos durante mi último año, e incluso tuve algunos momentos en que la besé, pero seguí sintiendo que nunca podría responder si llegaba a tener relaciones sexuales con ella. Pero más que eso, honestamente no quería que se sintiera usada como me sentía después de tener relaciones sexuales con otros hombres. Como era mi costumbre, (y nunca vi esto hasta años más tarde), cuando llegaba el tiempo de los banquetes de Acción de Gracias o de los banquetes de Navidad de nuestra escuela, terminaba mi relación con Melinda.

En mi mente, ir a un banquete significaba una presentación muy pública de una pareja, y me sentía totalmente incapaz de manejar las presiones para actuar. Las muestras públicas de afecto no eran la norma para mí, pero si eran esperadas por Melinda. Lo máximo que podía hacer era tomar su mano, e incluso sentí una tremenda presión para hacer eso. Veras, en mi mente seguía pensando que la gente me miraría con una mujer y diría: "¡Qué falso! ¡Ese afeminado intenta fingir que es normal!" ¡Yo era sinceramente mi peor enemigo!

Esa Navidad, una vez más rompí con Melinda, enviándola con un corazón roto para Navidad. La culpa y la vergüenza de mi pecado escondido, junto con la comprensión de que había herido profundamente a alguien tan preciosa, era como una espada de doble filo cortando mi mente. Mi espiral descendente comenzó con esa ruptura, y siguió cayendo en picada cuando volví a mi pequeño departamento que le llamaba hogar. Solo. De nuevo. Por siempre.

Navidad no fue divertida para mí ese año, ¡y me ENCANTA la Navidad! Me encanta todo. La historia de Jesús y las canciones. Ver mi familia y abrir los regalos. El pavo y el pay de calabaza. Las vistas, los sonidos, los olores. Y sobre todo, los SENTIMIENTOS que rodean la Navidad. Pero con el peso de la culpa y la vergüenza que tenía, no había mucho de nada que se pareciera a gozo. "¡Tenga usted mismo una miserable Navidad!" habría sido la letra de las canciones que yo cantaba.

Durante todo mi último año, trabaje en el "Mandarin Garden", un restaurante Chino de cinco estrellas donde los meseros todos llevaban smokings y girábamos los platos de manera impresionante para entretener a los clientes. Al principio trabajé recogiendo las mesas pero luego fui ascendido a mesero. A partir de ese momento, durante la semana servía mesas y los viernes por la noche, tocaba el piano del restaurante, proporcionando sonidos agradables para los clientes. Siendo pagado sólo por propinas, los comensales felices depositarían dinero en una copa de brandy colocada en el piano. Aprendí muy rápido a tocar canciones que la gente pedía. Habiendo recibido varios libros de música de mi tía Gladys, podía tocar cualquiera del catálogo de las canciones de los años 20 hasta los años modernos de los 80´s.

Tan pronto como llegó el nuevo año, y antes de volver a la escuela, volví a mi pequeño departamento para poder volver a trabajar en el Mandarín Garden. Para el mes de enero, fui a trabajar casi diario, y luego volvía a la soledad de mi habitación. Tuve que subir por aquellas escaleras tristes; tuve que escuchar a la pareja recién casados hacer el amor en el departamento al lado noche tras noche; Tuve que encender la estufa de gas y encender la llama, todavía contemplando si había tomado la decisión correcta al no tomar mi vida; Tuve que pasar a través de ese piso donde apenas unas semanas antes me había recostado a morir. Decir que mi vida era deprimente sería una subestimación.

La semana antes de que la escuela comenzara clases de nuevo, una vez más sentía que iba a perder mi mente debido a las batallas mentales que enfrentaba sólo para sobrevivir. Tal era mi anhelo de conocer y ser conocido por otro ser humano que empecé a tener apegos emocionales muy dañinos con otros chicos. No necesariamente atracciones sexuales como tal, sino que dependencias emocionales muy intensas. Esto generalmente resultó en alejar a los que realmente quería en mi vida. De hecho en mi tercer año de la universidad formaba parte de un cuarteto llamado "The Fallen Angels", (Los Ángeles Caídos, ¿Qué tan apropiado era eso?) con otros tres que estaban en el último año. Estar tan cerca de esos chicos debido a nuestro programa de ensayos pesados y conciertos frecuentes los hizo un enfoque muy natural para mí.

Necesitaba su afirmación tanto que sólo me presentaba donde ellos estuvieran. Si no podía encontrar a uno, iría de inmediato en busca de cualquier otro, y simplemente me acoplaría a lo que estaba haciendo. Mi esperanza era que no captaran cuán necesitado estaba yo. Mi deseo era que me vieran como uno de ellos, en otras palabras, yo quería que me vieran como yo percibía que otros los veían, hombres respetados y varoniles. Desde mi perspectiva, me veía como un simple chico entre los hombres. Los veía como si lo tuvieran todo resuelto y yo, como un caso perdido. Todo lo que podía ver era todo lo mucho que me faltaba en comparación con ellos. Al final del tercer año, me había convencido de que realmente eran la respuesta a mis problemas. Pero siempre algo sucedía para jalarme hacia abajo de nuevo.

Durante mi último año, tenía muchas ganas de saber o escuchar algo de mis viejos amigos del cuarteto que se habían graduado y habían ido a la escuela de posgrado. Era algo tan duro para mí cuando semana tras semana esperaba, pero no oía nada de ninguno de ellos. Por supuesto que me sentía cero amado y olvidado. Sin valor. La realidad era que habían continuado con sus vidas, y la vida tiene por naturaleza por razones del tiempo y las distancias alejar aún a los mejores amigos. No significaba que no me querían. Pero mi mente me dijo lo contrario.

Como dije antes, la semana antes de que comenzara el semestre de primera, *todo* el peso de *toda* la pérdida, *toda* la carga de *todo* el dolor y la depresión me habían dejado en un modo de pánico puro. No tenía a nadie a quien realmente pudiera llamar un amigo, no a causa de ellos, sino porque nunca me permitía acercarme demasiado emocionalmente a los que realmente se preocupaban por mí, para que no descubrieran mi secreto y me rechazan. Así que imagina mi constante lucha, tan necesitado emocionalmente que me aferraba a lo que consideraba fuerte y masculino hasta el punto de que provocaba alejarlos, sin permitirme acércame con honestidad e íntimamente a nadie. Prácticamente hablando, me había conducido al borde de un acantilado que daba a un abismo oscuro de desesperanza.

Por alguna razón, ese sentimiento de desesperación me llevó a hacer una de las cosas más sabias que había hecho en toda mi carrera universitaria. Salí de mi departamento y volví a un cuarto en el dormitorio de los hombres, diciéndome que incluso si nunca pudiera estar realmente cerca de alguien, al menos estaría alrededor de otras personas. A pesar de que todavía no era muy saludable, viviendo solo, pero rodeado por otros, era mejor que vivir solo con *nadie* alrededor.

Fue durante ese semestre de primavera que yo, en uno de mis episodios de necesidad, me aferré a otro hombre en el mismo piso. Lo llamaré Jim. Jim simplemente cometió el error de prestarme atención. Pronto me encontraría en busca de él por todas partes a donde yo iría. Si yo pensaba que estaba en la sala de prácticas, encontraría cualquier excusa para a estar en la sala de práctica junto a la suya. Descubriendo cuándo él comía en la cafetería, coincidentemente aparecía con mi almuerzo a su mesa. Si estaba jugando ping-pong en la sala de recreo, yo también lo estaba. Si escuchaba que iba a estar en un determinado evento en el campus, me aseguraba y encontraba una manera de llegar donde él estaba. Además de mis frecuentes encuentros planeados, a menudo dibujaba dibujos y le daba regalos, esperando que mi pródiga generosidad me comprara un poco más de su afecto.

Y entonces empezó a suceder lo más asombroso. Jim empezó a dar la bienvenida a mis intrusiones, ¡incluso haciéndome sentir que disfrutaba de mi presencia! Aunque nunca pude convencerme de que en realidad estaba preocupado por mi (ese sentimiento de inutilidad que siempre invadía mi mente), encontré destellos de vida simplemente por estar en una relación con otro ser humano, importa cuán defectuoso fuera en realidad. ¡Hablemos de acelerar mi búsqueda! Me volví ultra pegado. Repugnantemente aferrado. Al mirar hacia atrás, es fácil ver hasta qué punto me había hundido en mi total depravación. Era como si estuviera metiéndome en el vil desperdicio de un fangoso corral de puercos.

Como solía ser el caso, de alguna manera me volví a ver si podía salir con Melinda una vez más, sólo en la posibilidad externa de que tal vez ahora, ya que me sentía un poco mejor sobre mí mismo, la heterosexualidad se ponía en marcha. Salir con ella otra vez puso mucha presión en mí, y una vez más, a mediados de semestre, rompí con ella. De nuevo salió destrozada. Si hubiera sido yo, habría anulado la relación hace mucho tiempo.

Cerca del final de ese semestre vino mi presentación requerida para el recital del último año. Este recital representó mi proyecto final y formaba una gran parte de mi calificación. Cuando la noche de mi presentación llegó, estaba más nervioso que nunca, sintiendo la presión de que mis padres se sintieran orgullosos, sintiendo la necesidad de impresionar a mi entrenador vocal, sintiendo la presión de ser visto como no sólo competente en mi actuación, sino ejemplar, y sentir la necesidad de recibir la afirmación de mis compañeros. Cuando subí al escenario para mi primer número y dejaron a aplaudir, miré rápidamente por el auditorio para ver si Jim estaba allí. Y mis ojos se congelaron en Melinda; ¡ella había venido a apoyarme! Esto me dejó sintiendo vergüenza por la frecuencia con la que la había decepcionado y, al mismo tiempo, con alegría que ella se preocupó lo suficiente para mostrar su apoyo a mis esfuerzos.

No fue sino hasta que terminó el recital que me di cuenta de por qué había venido Melinda, y no puedo culparla; me lo merecía. Durante la recepción que siguió después de mi recital, la gente se formaba para saludarme, y después fueron llevados a la sala donde estaban sirviendo pastel y ponche. Luego Melinda entró en mi línea de visión periférica, y en realidad estaba contento de verla, con solo saber que estaba bien. Preguntándome cómo saludarla, qué decirle a alguien a quien había herido tanto me hizo sentirme bastante nervioso. Con suficiente anticipación y adrenalina para pasar de la incomodidad del momento, simplemente dije: "Gracias por venir."

Y luego me presentó a su cita.

¡Ella trajo una cita a mi recital! Lo que probablemente debería haber sentido hubiera sido ira o dolor, pero lo que sentía fue un "gracias". Me sentí agradecido de que ella haberme dado lo que yo sabía que merecía. Me sentí agradecido de que de alguna manera en ese momento, me habían pagado por mi crueldad, y ahora estábamos de alguna manera empatados en la puntuación. Lo que no descubrí hasta más adelante fue que Melinda había traído a ese chico para que yo la celara. Lo que hizo por mí, por extraño que parezca, me dio permiso de no castigarme tanto a mí mismo por mi pasado con Melinda.

Durante el resto del semestre, seguí encontrando consuelo en mi dependencia emocional con Jim y decidí, estúpidamente, intentar *una vez más* con Melinda. Saliendo en las últimas semanas de la escuela, tuvimos breves momentos donde parecíamos hacer una conexión, al menos como amigos. A medida que la graduación se acercaba aún más, la presión demasiado familiar de un evento tan trascendental empezó a pesar sobre mí. Con el mundo real que se acercaba rápidamente vino la realidad que el paso siguiente en mi relación con Melinda era decidir si o no a continuar uno con el otro para algo más. No podía creer que estuviera contemplando el matrimonio, pero si lo estaba. Y la realización me llevó a uno de los peores momentos de mi vida.

El día antes de que Melinda regresara a casa a Dallas para el verano y luego a la escuela de posgrado, le dije que necesitaba hablar con ella sobre algo importante. Con mucha anticipación, ella vino y empezamos a hablar. Tan evidente era su excitación por lo que ella esperaba que yo estaría hablando con ella, también así lo fueron las heridas profundas que inundaron su rostro cuando llevé la conversación a ese lugar en el que habíamos estado muchas veces antes.

"Melinda, sé que piensas que debo estar loco por la forma en que te he tratado en el pasado, pero hay una razón para mi comportamiento. Hay cosas sobre mí que nunca puedo decirte. Solo confía en mí. Estarías mejor sin mí. Quiero que sepas que eres tan importante para mí que te estoy diciendo esto.

Empezó a sollozar, literalmente se desmoronó, gimoteando en desesperación cuando le dije: No quiero verte nunca más. Estarías mejor sin mí.

La observé mientras se alejaba desesperada. Estaba en dolor por la angustia de lo que acababa de hacer, pero me había convencido de que esto era verdaderamente lo mejor para los dos. Y, tal como había estado en todas las espirales descendentes que ya había experimentado en la vida, el trauma emocional que acababa de crear me llevó una vez más a anhelar el amor de maneras que nunca podrían satisfacer ese anhelo.

Tenía que encontrar a Jim.

¿EL VERANO DE AMOR?

Es con gran dificultad que escribo este capítulo. Me encuentro en la extraña posición de necesitar contar mi historia pero a la vez proteger a aquellos que estaban involucrados. Lo que sigue ha sido alterado, tanto los nombres como los detalles de los encuentros, para transmitir mis sentimientos y, al mismo tiempo, preservar la dignidad de los demás.

Después de que Melinda y yo nos separemos, Jim se convirtió en el centro de mi vida. Nuestra relación no fue sexual durante muchos meses. Mi respeto por este hombre fue edificado sobre el respeto que veía a otros darle basado en su inmenso talento. Él era un compositor absolutamente magnífico, destinado para un futuro grande y brillante. Yo, sintiéndome totalmente inadecuado para escribir una canción debido al desaliento que había recibido mi primer año de la universidad, admiraba a Jim y su don al máximo.

Al graduarme, había estado en un dilema de lo que haría, pero esa pregunta fue contestada cuando me pidieron estar en un equipo de promoción de la universidad. En realidad éramos un cuarteto musical, dos hombres y dos mujeres, que viajaban por la nación dando conciertos y promoviendo a la universidad en el proceso. Estábamos acompañados por un matrimonio que se encargaban de todo el manejó y logística. Dado que el equipo estaba basado en Oklahoma, y Jim era de Oklahoma, sabía que sería posible pasar tiempo con él durante el verano. ¡Tendría acceso a mi amigo, y también viajaría por todo el país! Era un tiempo grandioso en mi vida… en un principio.

Al no haber estado fuera de Oklahoma, solo unas pocas veces durante mi carrera universitaria, no podía esperar a que la camioneta estuviera cargada lista para salir a la carretera. Fue en nuestro primer viaje que descubrí la vasta extensión de los Estados Unidos de manera que sólo había imaginado antes. ¡Qué alegría y qué refrescante fue el día que partimos hacia las Grandes Llanuras, desde Oklahoma hacia el norte, hasta Dakota del Norte! Mientras que otros veían solamente una tierra llana aburrida, yo vi la grandeza y me preguntaba qué debió haber tomado para sobrevivir en un ambiente tan áspero en los viejos tiempos. Aunque a veces el paisaje parecía muy plano y a veces el manejo se hacía muy monótono, empecé a ver más allá de la superficie en maneras que mantendrían mi mente alentada a través de algunos momentos obscuros.

Pasando por Kansas, vi casas de campo abandonadas junto a alguna vez grandes graneros, cayéndose en mal estado y dilapidación. Con cada casa de campo, me imaginaba quién podría haber vivido allí en días pasados, me preguntaba cómo podían haber sido sus vidas, y me pregunté quiénes podrían estar enterrados bajo las lápidas cercanas. A veces me imaginaba a niños corriendo en el campo, niñas en sus vestidos girando en el viento y niños pequeños persiguiendo unos a otros a través de las olas de trigo. Con cada pozo, se evocaban imagines de mujeres trabajadoras, llevando agua desde el pozo a la casa sólo para sostener sus preciosas familias; y con cada silo que se desmoronaba, imaginé a hombres que trabajaron duramente sólo para guardar suficiente cosecha para mantener a sus familias y al ganado por un invierno más. Por primera vez no estaba centrado en mi actuación y estaba aprendiendo a disfrutar de la vida.

Por supuesto, esos momentos de ensueño se concluían con cada lugar al que nos deteníamos para cantar. Aunque estábamos cantando música religiosa, me sentía como un hipócrita, cantando palabras que estaban destinados a animar a otros, ¡mientras me condenaban! En otras palabras, estaba cantando una cosa pero viviendo otra. Una vez más, el desempeño gobernó mi mente, lo que me hizo anhelar compañerismo, por alguien con quien solo pudiera hablar y alguien que pudiera entender. Esto, a su vez, me hizo pensar en Jim. ¿Podría pasar tiempo con él cuando estuviera en casa? ¿Todavía sentiría lo mismo por mí? ¿Estaría allí para mí? ¿Estaría el pensando en mí?

En cuanto volví a la ciudad del primer viaje, fui a verlo. Parecía realmente emocionado de verme. Él me dio la bienvenida a pasar la noche con él, ¡lo cual hizo saltar mi corazón! ¡Eso significaba que *quería* estar conmigo! Eso significaba que *disfrutaba* estar conmigo! Eso significaba que *valía* algo para él. Me sentía valorado por ser *yo*. Mientras hablábamos en la noche, nuestra conversación creció profundamente y cubrió una variedad de temas. Al igual que dos exploradores que se pusieron a descubrir cuál era el verdadero sentido de la vida, emprendimos un viaje profundamente espiritual y filosófico de auto descubrimiento. Esa primer noche dormí con una paz y confianza que no había sentido en mucho tiempo si es que jamás.

Durante el día practicaría con otros miembros del equipo. Fue emocionante formar parte de un equipo aprobado por la universidad y ser considerado lo suficientemente especial como para representar a la institución ante otros. La preparación era vigorosa a veces, ya que todos queríamos realizarlo con excelencia, pero ame estos tiempos de práctica. Lo que me facilito pasar los días de ensayo era la alegría de saber que pasaría tiempo con Jim por la noche.

La noche siguiente comenzó igual que la anterior. Como de costumbre, la realidad de que por la mañana estaría embarcando en otro viaje me hacía ansioso por pasar una buena noche con mi amigo. Al momento me sentía alentado pero desalentado, alentado a que pudiéramos volver a hablar otra vez, sin embargo desalentado de que tendríamos que separarnos de nuevo. Me había vuelto tan dependiente de Jim que él podría haberme pedido que hiciera cualquier cosa, y lo hubiera hecho para probar mi amor y lealtad a él.

De lo que no me di cuenta fue que Jim también se estaba volviendo dependiente de mí. Mientras yo necesitaba que él llenara los vacíos en mi vida, él necesitaba que yo llenara los vacíos en su vida. Y aunque eso suene bien en teoría, esos vacíos nunca fueron destinados a ser llenados de las formas que estábamos tratando de llenarlos. De hecho, estaba tratando de llenar el vacío de mi vida y el quebrantamiento que sólo Dios podría satisfacer verdaderamente. Tratar de satisfacer las necesidades de una manera que nunca se supone que se deben de satisfacer es como tratar de apagar un incendio con gasolina. *Parece* agua, pero explota con resultados desastrosos. ¡Y mi vida estaba a punto de convertirse en un infierno furioso!

Mientras hablábamos en la noche, nuestra conversación volvió a entrar en lugares profundos. Nuestro sincero deseo era descubrir quiénes éramos realmente Creo que esto es bastante común entre los graduados universitarios o cualquier persona que se enfrenta a una encrucijada en la vida, para saber quiénes somos realmente e incluso porque existimos. Sabiendo que tenía que salir temprano en la mañana siguiente, compartí mi corazón profundamente y libremente, todavía no confiaba lo suficiente para revelar la atracción al mismo sexo que estaba tratando de suprimir, aunque ciertamente llegué muy cerca del borde de ese abismo esa noche.

Hablando hasta altas horas de la madrugada, finalmente expresé mi necesidad de dormir, le dije que tenía que levantarme temprano y que mi cuerpo me dolía por las largas horas de ensayar y después estar apretado en la camioneta. Inocentemente, Jim se ofreció a frotarme la espalda, y eso sonó muy bien para mí. Lo creas o no, todavía no estaba pensando en términos sexuales cuando hizo la oferta. La sexualidad del momento no me golpeó hasta que me preguntó si me sentiría cómodo con él frotando mi trasero. Fue en ese momento que todo cambió en nuestra relación.

Nunca había imaginado estar en una relación con otro hombre. Creciendo de una flama inocente de la amistad en un fuego furioso de la experimentación sexual, esa noche nuestra relación se convirtió en lo que consumió mi corazón. Una cosa es tener una dependencia emocional con otro hombre; otra muy distinta es tener la conexión añadida de intimidad sexual para cementar el vínculo. Sin saberlo, habíamos cruzado en un reino que es uno de los más difíciles de romper: dos hombres, atados por las emociones, por la depravación sexual, y la perversión, por la alimentación de la lujuria de una manera que nunca fue pretendida. Habíamos creído la mentira que dice que "el hombre es el máximo" y "lo que se siente bien, hazlo, con tal de que no lastime a nadie más." ¡Estábamos, en realidad, haciéndonos del uno al otro un ídolo!

Estos encuentros continuaron durante todo el verano. Tan pronto como llegaba a la ciudad, me dirigía a él. Sumergiéndonos de lleno en profundas y apasionadas charlas sobre quiénes éramos realmente y por qué estábamos aquí ayudó a aliviar el conflicto que sentía en mi mente. Por más tonto que pareciera, yo estaba a la vez sexualmente satisfecho, pero igualmente horrorizado por la perversión en la que nos estábamos entregando. *Ahora* mi definición de la perversión es: usar algo que Dios quiso para un propósito santo y usarlo de una manera diferente que nunca fue planeada. Por mucho que me gustara el acto sexual, me consumía la realidad de que, por más que mirara nuestros cuerpos, el sentido común, la lógica, me decía que los dos nunca tenían la intención de estar juntos de la misma manera en la cual nos lo permitíamos.

Jim podía sentir mi total vergüenza después de cada sesión, y finalmente me confrontó con ella una noche -¿Por qué no lo dices? preguntó.

¿Decir, qué? Yo respondí.

Eres un homosexual. Eres *gay*.

Esa declaración me aturdió. Literalmente me silenció en todos los sentidos. Como si de repente me encontrarse a mí mismo de pie completamente solo en una tierra estéril sin fin a la vista. Me sentí completamente sin esperanza de poder cambiar. Y esa noche, por primera vez, le confesé a otra persona: "Soy homosexual, soy gay".

Por extraño que suene, encontré paz en ese momento. Simplemente afirmando lo que yo pensaba que era parecía aliviar mucha presión en mi mente. Esto abrió la puerta a mucho más de que yo había pensado. Pronto estaba pensando en cosas que nunca me habían pasado por la cabeza.

Se siente liberador por fin saber quién soy.

Es por eso que nunca he tenido paz antes. He estado luchando contra algo que debería haber estado abrazando todo el tiempo.

Nadie puede satisfacer a un hombre mejor que otro hombre. Conocemos tan bien los cuerpos de otros porque son iguales a los nuestros.

Los pensamientos sobre el cambio habían sido reemplazados por pensamientos tales como ¿Por qué alguien querría que yo cambiara quién yo nací para ser? ¿Cómo puede alguien que nunca ha tenido relaciones sexuales con alguien del mismo sexo, incluso saber de lo que están hablando? El enemigo me había cortado efectivamente de la esperanza, y yo me había caído de cabeza en la trampa.

Pero había un problema. La paz que comencé a sentir en esos primeros días empezó a desvanecerse a medida que pasaba el verano. Jim y yo expresamos verbalmente nuestro amor el uno por el otro, pero cuanto más nos entregábamos físicamente y emocionalmente, más usado me comencé a sentir. Y cuanto más usado me comencé a sentir, más amargura comencé a sentir hacia él que se suponía que debía amar. Y la realidad mórbida que golpeó directamente en la cara fue esta: Estoy usando a Jim tanto como él me está utilizando. Esta comprensión me llevó a cuestionar todo con lo cual pensé que finalmente había llegado a un acuerdo.

¿Esto es todo lo que hay?

¿Qué es el amor verdadero?

Sintiéndome tan profundamente atrincherado en esta vida, no vi salida. Asumiendo que Dios había renunciado a mí, empecé a hundirme una vez más en una profunda depresión. Este fue realmente uno de los episodios más oscuros de mi vida. Gay, pero no queriendo serlo. Con alguien, pero sintiéndome completamente solo. Emocionalmente dependiente de otro. Sintiéndome usado. Siendo el usuario. Como una peña siendo sueltamente sacudida de la tierra circundante y cayendo impotentemente en el olvido es como me sentí. En lo profundo de mi corazón sabía que tenía que romper las cosas con Jim, pero en el fondo de mi corazón, no veía cómo podría vivir sin él. Sin saber qué más hacer, simplemente me desmoroné y grité en un vergonzoso gemido en un susurro tan fino como el aire: Dios, ayudarme.

Y entonces sonó el teléfono.

EL PASEO COMIENZA

Como lo había hecho tantas veces en el pasado, clamé a Dios con la esperanza de que si actuaba bien podría volver a estar bajo Su gracia. En desesperación, corté mi relación con Jim y decidí darle otra oportunidad a Dios. Bastante benevolente de mi parte, ¿verdad? Aunque Dios no había intervenido en mi vida mientras estaba en OBU, (al menos desde mi punto de vista), tuve la brillante idea de que tal vez, tal vez, Él me encontraría y me arreglaría si yo fuera al seminario. A este punto del juego no veía cómo esto podía ser mal idea. Después de todo, yo ya había intentado suicidarme, entonces porque no intentar el seminario. Me inscribí e iba a compartir el cuarto con Reggie, un compañero que no era gay que era uno de mis buenos amigos en OBU, y un querido amigo hasta este día. Había determinado mi futuro; Las cosas iban a ser buenas.

Ahí es cuando sonó el teléfono.

En el otro extremo de la línea había un amigo que había conocido en OBU. Chuck se había graduado un año antes que yo. Con un talento sin límite, era alguien a quien respetaba mucho. Suponiendo que estaba llamando para ponerse al día, me sorprendió un poco cuando la conversación fue mucho más allá de los temas superficiales y se sumergió en la parte profunda de la espiritualidad.

"Dennis, la razón por la que te llamo es esto. El Señor me ha estado hablando de ti."

Aunque Chuck no podía verlo, su declaración envió miedo a mi mente. ¿Había discernido mi lucha? ¿Estaba a punto de confrontarme? Hasta este punto de mi vida, Dios no me había hablado a MÍ acerca de mí, así que ¿qué estaba diciéndole a este tipo?

"En realidad, el Señor vino a mí en un sueño", dijo él.

¿Un sueño? ¿De verdad? ¿Mi amigo se volvió loco? Dios no habla con las personas ya, si Él una vez lo hizo. ¿Por qué iba a hablar con alguien más acerca de mí? Pero él tenía mi atención.

El Señor vino a mí en un sueño y me mostró que Él te daría muchos, muchos canciones. Él me mostró que la gente de todo el mundo estaría cantando sus canciones algún día.

Estaba sin palabras. Como una inundación que se precipitaba en mi mente fueron las palabras que había oído cuando me dijeron durante mi primer año en OBU cuando fui con la cabeza del departamento de teoría y composición: "Tenemos sólo unas pocas posiciones en este departamento, las reservamos para gente a la que le vemos potencial, y nosotros simplemente no vemos ningún potencial en ti. Sobre la base de sus audiciones y habilidades demostradas hasta el momento, debemos decirle que no.

Chuck continuó: "Sé que esto es difícil de creer, pero mi madre, Beverly, tuvo el mismo sueño esta semana sobre ti, y no creemos que sea mera coincidencia. Creemos que el Espíritu Santo nos ha hablado, y hemos estado hablando de qué hacer con lo que soñamos".

Estaba sorprendido de la rareza que sentía por las personas que decían escuchar a Dios hablar, pero estaba sentado sobre mi asiento con anticipación de a donde Chuck iba con toda esta "loca conversación."

"Dennis, nos gustaría invitarte a que te mudes con nosotros para que puedas dar a Dios la oportunidad de obrar esto en tu vida. De hecho, tengo una visión para crear un trío contigo y Johnnie Ann. Podríamos cantar tu música juntos. Mi mamá está dispuesta a poner el dinero para comprar un teclado y un sistema de sonido. ¿Qué piensas?"

Le pedí que me diera tiempo para pensar y orar por lo que me estaba pidiendo que hiciera. ¿Debo renunciar al seminario y arriesgarme a encontrar mi libertad, o podría encontrar libertad al trasladarme a Oklahoma City con mi amigo y su mamá? Después de decir adiós a Chuck, llamé a mi mamá y le dije sobre la oportunidad de mudarme a un lugar libre de alquiler y trabajar hacia una carrera en la música. Su respuesta llegó más rápido de lo que había anticipado: "Creo que deberías tomarte el tiempo para perseguir tu sueño. Siempre puedes volver al seminario. Creo que el tiempo libre de la escuela sería algo bueno para ti. Te has graduado de la universidad; Encontraras un trabajo rápidamente".

Tres días antes de entrar al seminario, llamé a Chuck y le dije que aceptaría su oferta. Ese mismo día, tuve que llamar a mi amigo Reggie para avisarle que después de todo no estaría asistiendo al seminario. Después de instalarme, la búsqueda de un trabajo comenzó. Apliqué en tiendas de música. Apliqué en súper mercados. Apliqué a cualquier trabajo disponible. Después de un par de semanas de búsqueda de trabajo infructuoso, recibí una llamada de otro amigo que había conocido en OBU. Me habló de un trabajo disponible en un nuevo hotel en el centro de Oklahoma City, donde podía ganar mucho dinero como botones, especialmente si trabajaba los fines de semana y si estaría dispuesto a ir a las habitaciones de ciertos hombres y hacer cualquier cosa que necesitaran Me dijo que podía hacer hasta quinientos dólares o más por noche.

¿Cualquier cosa que necesitaran? La implicación me golpeó. Tener que pagar mis préstamos escolares ya pesaba mucho en mi mente, pero la presión de obtener dinero anuló la presión para permanecer puro. Cuando subí a mi coche para dirigirme a la entrevista, cerré conscientemente los pensamientos de convicción que habían empezado a perseguirme desde que consentí en tener la entrevista. *¿Es esto realmente lo mejor para ti? ¿Es esto verdaderamente agradable al Señor? ¿Qué vas a decir si alguien te pregunta qué haces? ¿Cómo explicarás tu pecado?*

De la misma manera fueron las voces de los pensamientos hacia la otra dirección. *¿Quién va a averiguarlo? ¿Cómo puedes rechazar una oferta donde se puede ganar hasta quinientos dólares o más por noche? ¿Cómo puedes ignorar una oportunidad tan grande? ¿Eres un tonto?*

Una vez más, estaba escuchando voces en mi cabeza, y una vez más, me negué a reconocer que la guerra que se estaba luchando en contra mi mente podría ser tan simple como el bien contra el mal, tan simple como Dios contra Satanás. Había descartado la posibilidad de que podría ser Dios tratando de llamar mi atención. Para dejar de pensar, rápidamente encendí el radio que había sintonizado a una estación Cristiana popular. Cuando empezó la música, la voz que oí era muy familiar. Mientras que la voz de Keith Green era al mismo tiempo calmante y convincente, un estremecimiento descendió por mi espina dorsal con las palabras que escuchaba saliendo de las pequeñas bocinas del coche. Como un cuchillo que perforaba la dureza de mi corazón y mi mente, Keith cantó: ¨Si el Señor no edifica la casa, trabajarán en vano todos los que construyen algo que no sea según Su llamado. Amenos de que el Señor lo quiera, te sería mejor no trabajar otro día construyendo cualquier cosa que se interponga en su camino"

Cuando las palabras fueron grabadas en mi mente, empecé a temblar y mi cuerpo se enfrió. Inmediatamente le di vuelta al coche y no fui a la entrevista. Fue en ese momento en el que supe que Dios era real y que estaba tratando de llamar mi atención. Sabía que debía de haber esperanza para mí para que un Dios tan grande y distante interviniera de repente en mi vida de una manera tan profunda. Quebrantado y humillado, volví a entrar la casa y decidí buscar un trabajo en otra parte. Dios debía tener algo para mí para haber tomado esas medidas tan drásticas para detenerme cómo así como acababa de hacerlo.

Mis pensamientos volvieron a algo que mi madre me había dicho unas semanas antes cuando le había preguntado si debía ir al seminario. Dijo que tendría que encontrar un trabajo rápidamente. Después del incidente de la entrevista de trabajo, decidí que no podía ser exigente o pretencioso sobre encontrar un trabajo, así que amplié mi búsqueda y encontré que mi mamá tenía razón. Encontré un trabajo rápidamente, conduciendo un autobús escolar para un distrito escolar local. (Una licenciatura en música para iglesia no abre una selección de trabajo a un campo muy amplio.) Aunque el trabajo parecía de alguna manera por debajo de mí, (allí esta ese orgullo de nuevo.), Dios estaba a punto de tomarme en el viaje más increíble de mi vida. Y yo no estaba en ninguna manera preparado para el torbellino de una montaña rusa a la que estaba a punto de subir.

CANTANDO HACIA LA SANIDAD

Estoy convencido de que Dios tiene un maravilloso sentido de humor porque ahora puedo mirar hacia atrás a mi vida y ver Su mano y reírme de todo lo que Él estuvo aguantando. Tomó a un músico arrogante, e insoportable y lo colocó en un autobús lleno de niños gritando. ¡Dime si eso no es *gracioso*! Ojalá hubiera tenido ojos para ver Su mano obrando y los oídos para escuchar la dirección de Su voz. En el mejor de los casos, yo era como un cordero conducido al matadero por el enemigo, sin embargo, un cordero perdido, perseguido por un Pastor muy celoso y vigilante.

La humillación era una sensación a la que me había acostumbrado, pero todavía me estremecía cada vez que alguien me preguntaba qué hacía para ganarme la vida. Oh, cuánto quería poder decir que era un músico reconocido en una iglesia importante, pero no, fui relegado a disculparme por ser rebajado a ser un humilde conductor de autobús para un grupo de niños que no les importaba si yo existía o no. El orgullo viene antes de la caída, pero caer no es malo si caes en el lugar correcto. Sin saberlo, yo estaba a punto de caer bien.

Tuve horas para gastar entre mis rutas del de la mañana y la tarde, y tener algo de tiempo en las manos puede ser un terreno de cultivo para generar pensamientos locos. Como si estuviera atrapado en alguna guerra viciosa y cósmica para controlar a mi mente, los pensamientos de la atracción al mismo sexo eran mi constante compañero, querían dominar mis pensamientos, y siempre recordando las palabras que había hablado a mí mismo no hace mucho tiempo: *Tú nacisteis así. Deja de luchar, y solo sé quién eres.*

La otra parte involucrada en la batalla por mis pensamientos vino a través de las muchas palabras alentadoras que me hablaban casi a diario mi amigo Chuck. A menudo me compartía las cosas que Dios le estaba hablando acerca de mí. Las palabras de Chuck eran vida para mí cada vez que él estaba conmigo, pero esas horas entre las rutas de autobús eran totalmente otra historia. Todo lo que podía oír eran las palabras de seducción que me llamaban de vuelta a tratar de encontrar la paz y el consuelo en los brazos de otro hombre. Era casi demasiado para soportarlo en mi mente. Honestamente pensé que estaba volviéndome loco, tan feroz fue la batalla.

No recuerdo lo que lo provocó, pero en medio de mi lucha cotidiana, ya sea para perseguir la homosexualidad o perseguir a Dios, de repente me acordé de una historia que había oído desde mi niñez que me tiño con un toque de estabilidad mental. Aunque no entendía por qué, recordé cómo Dios había permitido que un espíritu maligno atormentara a Saúl, el Rey de Israel. Y me recordé de cómo el rey Saúl había mandado llamar al niño David que pastoreaba las ovejas, para ayudar a ahuyentar al espíritu maligno.

> Y cuando el espíritu malo de parte de Dios venía sobre Saúl, David tomaba el arpa y tocaba con su mano; y Saúl tenía alivio y estaba mejor, y el espíritu malo se apartaba de él. 1 Samuel 16:23

En ese momento un pensamiento sano pasó por mi mente. Si Dios hizo eso por el rey Saúl, ¡entonces yo haría eso por mí mismo! ¿Mi razonamiento? David era conocido por ser un escritor de muchos de los Salmos encontrados en la Biblia. David simplemente adoraraba a Dios, y el enemigo huiría. Imaginé que cuando David era un niño que cuidaba las ovejas de su padre, habida buenas razones por las que había desarrollado un corazón y una actitud de adoración. Una amenaza constante para esas ovejas indefensas eran los osos salvajes y los leones que vagaban alrededor en esos días. David debió haber crecido confiando en Dios de tal grado que su temor fue vencido por el amor de Dios. Y dándole un paso más, razoné que tal vez Dios podría disponer a encontrarme un lugar en su corazón, lo había hecho por David, el mismo David que cometió adulterio; el mismo David que tuvo a su propio amigo, Urías, asesinado para encubrir la relación con su esposa Betsabé. Y sin embargo el mismo David que es exaltado en las Escrituras como "un hombre según el corazón de Dios". De acuerdo con

Hechos 13:22, el Señor dijo: …"He hallado a David, hijo de Isaí, VARÓN CONFORME A MI CORAZÓN, quien hará todo lo que yo quiero". Fue con esa realización que empecé a creer que si Dios pudo hacer eso con David, Él podría hacerlo por mí.

Mi rutina desde ese punto en adelante era terminar mi ruta lo más rápido que podía por la mañana, ¡para que pudiera llegar al piano de Chuck! Una vez allí, simplemente abría mi Biblia al Salmo 1 y comenzaba a cantar. Creando mis propias melodías. Cantaba y cantaba y cantaba hasta llegar el momento de comenzar mi ruta de autobús por la tarde. Y así como Dios había hecho con el rey Saúl, Él usó las palabras de los salmistas para mantener las mentiras del enemigo bajo control así hizo en mi mente. Fue durante esas largas sesiones de adoración que empecé a descubrir algunas cosas acerca de la Palabra de Dios que había perdido de alguna manera de niño. Los salmistas escribieron algunas cosas horrendas acerca de cómo se sentían, cosas que eran muy contrarias a la naturaleza y la bondad de Dios. Cosas como:

Hija de Babilonia la desolada,
Bienaventurado el que te diere el pago
De lo que tú nos hiciste.
Dichoso el que tomare y estrellare tus niños
Contra la peña. (Salmo 137:8-9 RV)

¿Cuán bendecido será el que estrellare a sus niños contra la peña? ¿Cómo no había visto eso antes? ¿Cómo podría un hombre santo de Dios pronunciar tales palabras de odio sobre los hijos de otro, aunque fueran los hijos de su enemigo? Entonces se me ocurrió mientras volvía a cantar a través de los Salmos como parte de mi rutina diaria, que esas palabras eran simplemente una expresión de cómo el escritor se sintió, no necesariamente cómo se suponía que debía de responder. En otras palabras, Dios podría manejar mis sentimientos si yo fuera lo suficientemente honesto para confesarlos a Él. Basta con mirar las palabras del gran rey David expresando sus propios sentimientos y verás cómo comencé a identificarme con él en un nivel tan profundo.

Clamaron a ti, y fueron librados; Confiaron en ti, y no fueron avergonzados.

Mas yo soy gusano, y no hombre; Oprobio de los hombres, y despreciado del pueblo. (Salmo 22:5-6)

No me tomó mucho tiempo decidir que si David pudo ser tan sincero y honesto con Dios, ¡entonces yo también podría! Después de cantar a través de los Salmos, empecé a entender que tal vez, a pesar del desánimo que había enfrentado al escribir canciones mientras estaba en la universidad, realmente podía escribir mis propias canciones a Dios. De hecho, intenté, pero no podía pensar en una sola canción que hablara de la homosexualidad, así que empecé a escribir las mías. Día tras día, cantaba los Salmos y luego tomaba tiempo para escribir el clamor de mi propio corazón a Dios tan profundamente, emocionalmente y real como lo habían hecho David y los otros salmistas.

Después de muchas semanas con esta rutina, por fin tuve la valentía para mostrar a Chuck una de las canciones que había escrito.

Un extranjero hambriento y sediento llora
Un alma vacía y cargada
Un dolor tan profundo que nunca sana
La herida a veces muestra
Encerrado en una mente perpleja
Desnudo en sus pensamientos
Demasiado herido para sentir la enfermedad
Como piedras entre las rocas.

(De la canción de Dennis Jernigan, FOR THE LEAST OF ME)

Pronto, como en el sueño de Chuck, él, Johnnie, y yo estábamos cantando las canciones simples que estaba escribiendo. Nos reuníamos cada martes por la tarde para adorar alrededor del piano. Llamamos a estas reuniones nuestras reuniones de fogata porque nos parábamos alrededor del piano y simplemente cantábamos como si estuviéramos alrededor de una fogata. Aunque no lo comprendimos necesariamente en ese momento, estábamos todos muy hambrientos por más de Dios, más de algo que la vida en si había traído a cada uno de nosotros, y comenzamos a sentir la sanidad y libertad que se filtraban en nuestras vidas quebrantadas.

Cuando mis amigos comenzaron a animarme por las canciones que había escrito, fue como si alguna bestia hubiera sido liberada desde alguna parte profunda de mi alma. Me imaginaba co-escritor con el Rey David y los otros salmistas. Escribí con los poderosos escritores de la historia de la iglesia. Asaf. Los hijos de Coré. Moisés. Salomón. Etán el Ezraíta. Yo no podía esperar llegar al piano cada día y comenzar con mi rutina. ¡Pronto las canciones estaban saliendo de mí a un nivel que nunca podría haber anticipado! Estoy seguro de que mis amigos estaban un poco abrumados por mi nueva pasión, pero sentía una liberación poder sacar a la luz las cosas que había estado ocultando. Incluso si nunca pudiera llegar a compartir la verdadera raíz de las heridas, al menos estaba reconociendo el dolor. Mi esperanza y suposición era que mis amigos simplemente estaban interpretando mis diluvios emocionales en las canciones como una expresión honesta de la angustia de un alma en busca del significado de la vida… ¡tal como ellos!

Por primera vez en mucho tiempo, me sentía un poco victorioso sobre mis pensamientos y sentimientos hacia el mismo sexo. Algunos dirían que estaba simplemente suprimiendo mis pensamientos. Desde entonces he llegado a comprender que lo que estaba haciendo era aprender a intercambiar una manera de pensar, por otra. Este proceso puso en marcha rápidamente con una simple declaración de mi amigo, Chuck. ¿Quién habría pensado que todo lo que había logrado en unas cuantas semanas se desplomaría con una expresión de amor inocente y llena de gracia?

CUANDO DIOS HABLÓ

Necesito hablar contigo, fue todo lo que dijo. No esperaba oír tal gravedad en su voz. La declaración de Chuck me sorprendió tanto que no tuve otra opción que correr. Esa noche me di cuenta que tenía algo en su mente sólo por la forma en que fue extra amable conmigo, más atento a mis sentimientos, y muy alentador. Después de la cena, nos instalamos en la sala, y como era típico cada noche, fuimos al piano a cantar algunas canciones que había estado escribiendo. Todo estaba bien en mi mente. La música fluía con facilidad. El ambiente era tranquilo y sereno, como si yo no tuviera ninguna preocupación en el mundo entero. Mi amigo fue tan amable conmigo. Chuck siempre fue amable en todas sus formas, pero por alguna razón, él era muy sensible a mi estado de ánimo esa noche.

Después de cantar algunas canciones, empezamos a hablar. Hablar con Chuck siempre fue tan liberador, y refrescante, lleno de palabras alentadoras, así como palabras de desafío. Siempre me estaba desafiando a profundizar en las cosas de Dios, y era muy sensible cuando se trataba de compartir cosas que Dios había impresionado en su corazón para mí. No podía dejar de pensar en el sueño que me había puesto en mi, el que me había llevado a vivir con él. Así que cuando Chuck dijo que sentía que Dios tenía algo que compartir conmigo, prestaba mucha atención. Y esa noche no fue diferente.

"Tengo algo que necesito compartir contigo, Dennis," empezó.

"Claro", dije. "Adelante."

Pausando durante unos segundos, como un hombre sabio, pensando bien usando discernimiento de cómo era la mejor manera de expresarse, podía discernir que lo que Chuck tenía que decirme estaba presionando fuertemente sobre su corazón.

"He oído cosas sobre ti."

Me quedé helado.

"¿Qué has oído? "Yo pregunté

Podía ver angustia en la cara de Chuck, pero sentía una profunda compasión emanando de él cambien. Mirándome a los ojos, dijo, "sé que estas luchando con la homosexualidad."

En absoluto horror e incredulidad por el hecho de que mi secreto había sido descubierto, y luego sentir rabia y humillación en saber que mi amigo había oído las noticias de otra persona, salí de la habitación y por la puerta a la calle corriendo lo más rápido posible a la oscuridad. Corrí y corrí y corrí, pensando todo el tiempo, *¡mi vida ha terminado!* Corrí en desesperación. Corrí por la adrenalina que había en mi cuerpo, por la vergüenza de ser descubierto y confrontado por uno de mis mejores amigos. Llorando, temblando y sintiéndome completamente humillado, continué corriendo durante varios minutos. Y luego me detuve.

Como si un vaso de agua fría y helada hubiera sido repentinamente arrojado en mi cara, me fui llevado de vuelta a la realidad con estos pensamientos: *¿A dónde voy? ¿Hacia dónde estoy corriendo? ¿Qué hago ahora? No tengo otro lugar al cual correr.* Mi mejor amigo, que en cuya casa y presencia habían sido un refugio para mí, de repente habían desapareció. Suponiendo que la razón de Chuck para decirme que él sabía cuál era mi secreto era porque él necesitaba que dejara su casa, yo decidí no volver. Pero todavía la pregunta era: *¿A dónde voy ahora?* Ese pensamiento volvió a repetirse en mi mente una y otra vez.

Ahora llorando incontrolablemente, encontrándome indefenso y solo en medio de una calle oscura a la media noche parecía de alguna manera apropiado. Al igual que el epítome de la ironía, la misma cosa que más anhelaba, que era el ser conocido completamente, era la misma cosa que ahora me había conducido al abismo más profundo al cual mi alma jamás había descendido. Pensé que me había sentido sin esperanza antes, pero AHORA sabía que había llegado al final del camino. Solo. Abandonado. Indefenso. Sin esperanza. Y estaba allí congelado en el borde de un acantilado.

No sabía que podía llorar tan profundamente. No sabía que podía sentir tan profundamente. No lo esperaba esta noche; La noche había ido tan bien. ¿Por qué tuvo que terminar de esta manera? Llorando aún más fuerte, empecé a gritar, "¿Por qué, Señor? ¿Por qué?" Y entonces el gemido se profundizó a medida que el grito cambiaba, "Padre, si Tú eres real, si Tú está allí, ¡Necesito que me hables! ¡Si alguna vez te he necesitado, es ahora! ¡Por favor, háblame! "

De alguna manera, simplemente pronunciar esas palabras calmó mi alma. De alguna manera, admitir que estaba desamparado me llevó a un lugar de completo quebrantamiento y humildad. De alguna manera, sabía que no tenía otra esperanza si Él no hablaba. Y no tardó mucho.

La noche era oscura, pero el cielo era brillante, iluminado por una luna llena. No había notado la luna hasta ese momento, porque había estado consumido por mi dolor. Tan concentrado en mí mismo que no había notado las dos nubes en el cielo que ahora llamaban mi atención.Sin darme cuenta de lo que estaba haciendo, empecé a pensar en los días de mi niñez en la granja, cuando me acostaba en la hierba y observaba pasar las nubes. Había pasado muchas horas observando a las nubes buscando imágenes y formas de criaturas y personas. Recordé dinosaurios y caballos, veleros y serpientes. Durante unos breves segundos, de algún modo me llevaron de vuelta a esos días. Sentir la inocencia y la maravilla de un niño era tranquilizante para mi alma afligida. Y entonces fui sacudido de nuevo a la realidad del presente, a las dos nubes, sus formas muy evidentes en el cielo iluminado por la luna.

Al principio no podía creer lo que estaba viendo. No quería poner mi esperanza en algo que no fuera real. Pero las nubes ERAN reales y tenían formas muy diferentes. Formas reconocibles. Formas que podrían sacudir la vida. Y como si fueran tomado por unas manos invisibles, mi rostro fue dirigido a mirar de lleno a lo que estaba pasando en el cielo por encima de mí.

Primero me atrajo a la nube más grande de las dos. No se podía confundir la imagen de un anciano con barba. Con la definición de las características, el rostro era cariñoso, acogedor y caluroso. No pude liberar mi mirada de la figura; Estaba tan lleno de amor y aceptación. Entonces mi rostro fue dirigido a la nube más pequeña. Impresionado por lo que estaba viendo, esta nube parecía un pequeño cordero. Una oveja. Una oveja herida que necesitaba amor y cuidado. Como si esta fuera una señal cósmica, la nube del anciano comenzaba a alcanzar la pequeña nube de cordero como si estuviera persiguiendo a la pequeña oveja herida. *¡Y entonces la nube del anciano comenzó a consumir al pequeño cordero dentro de sí mismo! ¡Se convirtieron en UNO!*

No podía creer lo que estaba viendo. Pero, ¿acaso no le había pedido al Señor que me hablara? ¿Y ahora esto?

Abrumado por toda clase de BUENOS pensamientos, empecé a calmarme y la paz comenzó a inundar mi mente. De repente, yo sabía lo que mi Padre estaba diciendo: "Esto es lo que quiero hacer con y para ti, hijo mío. Quiero consumirte. Amarte. Vendar tus heridas. Sanar tu corazón quebrantado."

Fue en ese momento que oí, no en una voz audible, sino más bien en una impresión en mi mente, "Vuelve y enfrenta a tu amigo. Te está esperando. Puedes confiar en Mí." Entonces regresé a casa. Fue una larga caminata, no por la distancia, sino porque tenía temor de lo que mi amigo podría decir y hacer. Aunque sentí que acababa de escuchar que el Señor me había hablado, todavía estaba tan lleno de miedo, que apenas podía funcionar. Todo lo que sé es que el Señor me dio la fuerza para regresar a casa.

Al acerarme a la puerta, pensé que podría entrar sin que Chuck se diera cuenta, pero él no se había movido desde donde lo había visto por última vez. Había estado esperando todo ese tiempo. Sólo esa comprensión, que había esperado, envió ondas de paz en mis venas. Una cosa es que alguien te diga que te ama; Otra muy distinta que una persona pruebe su amor. En ese momento, adquirí una comprensión más profunda de lo que el amor real se suponía que tenía que ser. El amor verdadero requiere dar tu vida por un amigo. Sacrificio. Y Chuck estaba a punto de dar su vida por mí de una manera profunda.

Entrando en la habitación, con la cabeza inclinada abatida, no pude ni siquiera mirarlo, estaba tan destrozada con vergüenza. En su sabiduría, mi amigo no intentó que yo lo mirara directamente a los ojos, pero sabiamente esperó para permitir que la honestidad del momento y la profundidad de su amor y compromiso me devolvieran a un sentimiento de pura aceptación, vacío de vergüenza.

Simplemente me pidió que me sentara porque tenía algo que quería compartir conmigo. Esperando el rechazo total, me prepare para lo peor. Pero con el mismo tono de su voz y la compasión con la que habló, me sentí inmediatamente tranquilo mientras me sentaba cerca de él.

"Dennis," empezó. "Seré honesto contigo. No sé cómo ayudarte. Todo lo que sé es que conozco la respuesta."

Inmediatamente me inundaron de sentimientos de esperanza, y empecé a bajar la guardia. "¿Tu sabes la respuesta? ¿Cuál es la respuesta?"

Su repuesta fue corta y directa. "Jesús es la respuesta."

Mientras me sentaba allí aturdido y realmente un poco incrédulo en actitud, repetí: "¿Jesús es la respuesta? ¡He oído eso toda mi vida! Le he pedido que me cambie vez tras vez, y nada ha sucedido jamás. ¿Cómo es que Jesús la respuesta? Ya lo he oído todo antes."

"No así, no lo has hecho," declaró con confianza.

"¿Qué quieres decir?" Yo pregunté.

Lo que dijo después, me quitó el aliento, y todavía lo hace hasta el día de hoy cuando recuerdo ese momento. "Aunque no conozco ninguna fórmula mágica, ni sé qué pasos se podrían requerir para liberarte de esto, creo que Jesús es la respuesta. Y aquí es lo que quiero decir con eso. Creo tanto que Él es lo que necesitas para ser libre que estoy dispuesto a caminar hacia Jesús contigo durante todo el tiempo que sea necesario. Cuando te caigas, no te patearé. No diré que te lo dije. ¿Sabes lo que voy a hacer? Te ayudaré a levantarte cada vez.

Para entonces, mis lágrimas comenzaron a fluir. Como si estuviera bañado en puro amor y aceptación, aunque yo no lo sabía en ese momento, yo estaba teniendo una real, y personal demostración del acto de amor, la entrega de una vida. Pero no había terminado.

Dennis, no sólo voy a caminar contigo todo el tiempo que sea necesario. Si necesitas un hombro para llorar, usa el mío. Si necesitas a alguien para gritarle cuando la frustración se vuelva demasiado pesada, grítame, yo puedo soportarlo. Caminemos hacia Jesús juntos.

Fue en ese momento que Dios restauró la esperanza en mi alma, y comenzó a arder como un fuego dentro de mí. Como nunca antes, empecé a buscar a Jesús, pero aún no entendía que el amor de Dios por mí no estaba de ninguna manera conectado con mi actuación. Al menos ahora no me sentía tan solo. Por fin, tuve a alguien que, aunque no había pasado exactamente por lo que había pasado yo en mi vida, era lo suficientemente sensible como para caminar a través de la recuperación de un corazón roto conmigo.

Poco lo sabía, pero ese encuentro con mi amigo fue la puesta en marcha de una bomba a punto de estallar en mi vida, una explosión de amor como nunca había imaginado que fuera posible para alguien como yo.

PD. Por cierto, Chuck cumplió su palabra. Él ha caminado hacia Jesús conmigo durante los últimos treinta y dos años. El amor se parece a mi amigo, Chuck.

CUANDO CONFESÉ

Después del encuentro con Chuck, después de haberme demostrado el amor de Cristo de una manera tan tangible, volví a tener la esperanza de que el cambio fuera posible. Aun así, mi creencia de que la gente consideraba la homosexualidad como lo peor de lo peor cuando se trataba de categorizar el pecado, lo nublaba todo, especialmente cómo me veía a mí mismo, y cómo percibía que los demás me verían si descubrieran mi secreto. Al menos la respuesta de Chuck me había dado un rayo de esperanza, algo a lo cual aferrarme.

Durante el otoño de 1981, estaba ya bien disciplinado en mi rutina: levantarme; cumplir con la ruta del autobús de la mañana; cantar algunos Salmos; escribir mis propios salmos a Dios; cumplir con la ruta del autobús de la tarde; cenar con Chuck y su mamá; mostrar a Chuck nuevas canciones que había recibido ese día; ir a la cama pensando en cómo y cuándo la libertad podría venir a mí; soñar de la aventura, captura y liberación; despertar con la sensación de ser rescatado; y repetir. Fue durante este período de mi vida cuando empecé a practicar la disciplina de la adoración y la comunión con Dios, aunque yo realmente no sabía lo que eso significaba. No tenía idea de qué tan íntimamente y profundamente Dios podría amarme. En cierto sentido, todavía estaba actuando para la aprobación de Dios. Poco sabía yo que la actuación estaba a punto de terminar. Pronto estaría buscando intimidad con Dios por puro amor en lugar de por lo que pudiera ganar de Él.

En noviembre de ese año, oí que mi banda favorita, 2nd Chapter de Acts, iba a estar en concierto a finales de mes. ¡Por supuesto iba a estar allí si era posible! Acababa de comprar su nuevo álbum, *Rejoice,* y había memorizado la mayoría de las canciones. A medida que el día se acercaba, mi corazón empezó a llenarse con alegría y gratitud de que la banda que Dios había usado para ayudarme durante mis días de la universidad, ahora iba a estar en esta parte del país. Porque sabía que no sólo estarían haciendo canciones de la nueva grabación, sino que también estarían haciendo música desde sus primeros días, tuve la gran idea de yo grabar los acontecimientos del evento.

Sabía en mi corazón que grabar un concierto era ilegal, pero justificaba mis acciones diciéndome que a nadie le importaría, nadie se daría cuenta, que eso no afectaría sus ventas. La verdad es que fue robar, y robar es pecado. Pero Dios usó incluso mi pecado para traer sanidad en mi vida. Él tuvo misericordia de mí incluso cuando voluntariamente robé de esta banda en que, aunque no lo sabía en el momento, Él iba permitirme a grabar mi propia liberación, ese mismo momento cuando la sanidad comenzó a inundar mi corazón y mi mente, el mismo instante cuando la nueva vida nació en mi ser más íntimo.

El 7 de noviembre de 1981, llegué a Lloyd Noble Center el estadio de baloncesto en el campus de la Universidad de Oklahoma en Norman, Oklahoma. Me dirigí a la arena, ocultando con éxito las tres cintas en blanco y una pequeña grabadora de casetes. ¿Mi plan? ¡Conseguir un set de tres álbumes esa noche! Poco sabía de todo lo que estaba a punto de suceder. Todo lo que sabía era que algo acerca de la honestidad de esta música era capaz de penetrar mi alma como ninguna otra. Algo sobre la pasión de estos tres cantantes fue capaz de hacerme sentir querido, especial y necesario, no solo. Algo acerca de la forma en que hablaban entre las canciones tomó al concierto fuera del ámbito de la interpretación y estableció la atmósfera más profundamente satisfactoria de adoración, de estar más consiente de Dios que jamás había conocido.

Y el concierto comenzó. Casi olvidando presionar los botones de grabación y reproducción de la grabadora que estaba abajo de mi asiento, fui inmediatamente introducido a otro lugar en mi corazón y mente. Cantando canciones del nuevo álbum, la banda tocaba impecablemente de canción en canción. Yo estaba impresionado por la variedad vocal y claridad de Matthew. Yo estaba hipnotizado mientras me aferraba a cada palabra que sabía que Annie había escrito. Nellie, quien estaba embarazada, empezó a cantar Mountain Tops, pude ver y sentir todo lo que estaba tratando tan bellamente de transmitir. Era como si estuviera cantando mi corazón.

> Las cimas de las montañas no son tan altas
> Los valles parecen estarse haciendo pequeños
> Todavía el río gira profundamente dentro de mí
> Toma los sueños que no crecieron
> Y visiones que se derritieron en la nieve
> Lévate de mí risa
> Aun así escalare el camino a casa.
>
> Con mi mano en Tu mano
> Mi vida en Tu vida
> Mi espíritu se elevará
> Hasta que vea el arco iris
> *Palabras y música: Annie Herring*
> *Utilizado con Permiso*

Con cada canción, estaba siendo llevado a una nueva conciencia que todavía no podía llegar a creer, que tal vez Dios TENÍA un plan para mí; Tal vez PODRÍA sacarme de este vasto desierto montañoso de mi homosexualidad. Todavía no sabía que Dios estaba trabajando en la ingeniería de un evento único en la vida sólo para mí, cantaba junto con cada palabra, haciendo sus oraciones mis oraciones, sus declaraciones mis declaraciones. No se me ocurrió hasta más tarde que durante esos momentos de intensa celebración ya ESTABA libre. Todo mi ser, mis pensamientos, actitudes, emociones y mi cuerpo, fueron transportados momentáneamente a un lugar donde la homosexualidad *no tenía* lugar. Me da escalofríos pensar en todo lo que implica para mí ahora, ya que se refiere a donde estoy en el aquí y ahora.

Y luego, Annie comenzó la introducción a una de mis canciones favoritas del 2nd Chapter of Acts. Escrito en mi tono favorito ¨Re bemol¨ la melodía tan familiar de la canción empezó, y mi corazón comenzó a derretirse en el éxtasis de la esperanza de Dios mientras las tres exuberantes armonías de los hermanos entraban en marcha en el coro.

Entonces ¿por qué debería preocuparme?
¿Por qué debería presionarme?
Porque tengo un Edificador de Mansiones
Que no ha terminado conmigo todavía
Palabras y música: Anne Herring
Utilizado con Permiso.

Cuando la canción llegó a su fin, no pude evitar sentir los sentimientos de esperanza y la paz que inundaron mi alma. Y, ¿me atrevo a decir, sentimientos de ser *amado*? Con 4,500 en la audiencia esa noche, ¡imagina mi sorpresa cuando Anne comenzó a HABLARME! Al menos eso era lo que sentía. Como si alguien abriera mi correo más íntimo y lo leyera en voz alta para el mundo entero, era como me sentía cuando ella comenzó a hablar. Y puesto que tengo una grabación a la cual puedo referirme, les haré saber lo que el poder de las palabras inspiradas por el Espíritu Santo hicieron para mí ser entero esa noche.

"Sé que esta noche hay muchos de ustedes aquí que han pasado por cosas que les han lastimado profundamente. Y no es que no estés dispuesto a darle esas cosas a Jesús, es sólo que nunca has tenido la oportunidad de hacerlo. Bueno, esta noche vamos a deshacernos de todas nuestras heridas. Esta noche le vamos a permitir que se establezca en áreas donde lo hemos mantenido fuera porque no estábamos conscientes del hecho de que le que estábamos dejándolo afuera. Pero creo que el Espíritu Santo ha hecho una obra en su corazón esta noche para abrir áreas donde Su luz no ha brillado por mucho tiempo…o nunca ha brillado. Somos personas muy complejas. Pero debemos elegir a dejar que Su luz brille en todas esas habitaciones en nuestro corazón. Y sé que el Señor me está mostrando que hay muchos de ustedes esta noche que tienen un corazón roto. Y muchos de ustedes han pasado por cosas que nunca pensaron que tendrían que pasar. Y tú necesitas ser liberado esta noche. El Señor quiere sanar tu mente y tu corazón. La forma en que vamos a deshacernos de todas las cosas dentro nuestro y TODOS tenemos algo de lo que debemos deshacernos porque todos estamos siendo edificados. Estamos en el mismo cuerpo. La manera en que vamos a deshacernos de esas cosas esta noche es que vamos a poner nuestras manos delante de nosotros así, (ella extendió sus manos frente a ella, palmas hacia arriba, como si recibiera un regalo de otra persona), y vamos a colocar esas cosas allí mismo, y vamos a darlas al Señor mientras cantamos esta canción. Vamos a levantar esas cosas al Señor y entregarlas. Y entonces mientras nuestras manos están levantadas y vacías, (levantando nuestras manos es un signo de rendición), estamos entregando esas cosas al Señor. Después de dárselas a Él y nuestras manos estén vacías, vamos a recibir de Él cualquier regalo que él quiera darnos esta noche. Te garantizo que es un buen regalo. No tienes de que temer. Él sólo quiere lo mejor para ti. Por lo tanto, es como una especie de Navidad. Vamos a regalar algo, y vamos a recibir de Él un regalo. Y hay un regalo para cada uno de nosotros con nuestro nombre. Así que vamos a prepararnos, y dejemos que Él tenga nuestros corazones. ¿Estás listo para cantar? Algunos de ustedes no están listos. Todavía estás así (con los brazos cruzados). Así no funciona. Tú eliges. Somos gente de elección, y tú eliges deshacerte de estas cosas. Recibid de Él esta noche. ¿Estás listo? Sí. Bueno. Aquí vamos. Todo el mundo canta.

Maravilloso. Hablaba directamente conmigo. ¿Cómo había sabido la profundidad de mi herida, o que yo nunca había tenido la oportunidad de darle las heridas? ¿Y que no sabía cómo entregarlas? Hasta ese momento pensaba que mi pecado, la homosexualidad, era mi identidad, ¡que mi pecado era demasiado vil para que Jesús lo tomara sobra la cruz! ¿Cómo había sabido de las habitaciones escondidas en mi corazón? ¿Cómo podría haber sabido que había pasado por las cosas en mi vida que nunca pensé que iba a pasar? ¿Cómo podía saber acerca del corazón roto que había llevado por tanto tiempo? ¿Y cómo se atrevía a decir que era simplemente una elección? ¡No había escogido las cosas que me tentaban! ¡No había elegido ser victimizado! ¡No había elegido ser traicionado!

Tú eliges. Somos gente de elección.

Mientras el trio cantaba, esas palabras comenzaron a atormentarme la mente, resonando una y otra vez, mezclándose con las preciosas palabras de un simple estribillo: ¨ ¿Por qué debería preocuparme? ¿Por qué debería presionarme? tengo un Edificador de Mansiones que no ha terminado conmigo todavía, ¨ llevándome a la comprensión de que de hecho TENÍA una elección en el asunto. Podría optar por creer que la homosexualidad era mi destino e identidad, o podía elegir creer que Dios tenía algo mejor para mí, la libertad del pecado, la victoria sobre la tentación, y un propósito y un destino aparte de la homosexualidad.

La canción tomó treinta segundos para ser cantada, pero viví una vida de redención en esos treinta segundos. Como un regalo en la mañana de Navidad, hice lo más simple que pude pensar; Simplemente le di la homosexualidad a Jesús. ¡Nunca había hecho eso antes! Nunca me cruzó por la cabeza que ÉL se atreviera a acercarse a mi pecado. Sin embargo, de alguna manera sabía que ahora era el momento de simplemente entregárselo a Jesús.

Poniendo la homosexualidad sobre Sus hombros, colocando la impotencia que sentía hacia esa tentación sobre Sus hombros, poniendo todas las cosas deliberadamente pecaminosas que había hecho sobre sus hombros, me vi juntamente crucificado con Cristo. Me vi muerto en una tumba. Vi a Jesús levantado y de pie en la abertura de la tumba, simplemente extendiendo una mano hacia mí, diciendo: ¡Dennis Jernigan, sal fuera!

Mientras la canción tocaba, y esta visión se desplegó ante mis ojos, empecé a entender el regalo que Dios tenía para mí en ese momento. Inesperados sentimientos de ser amado, y tener la capacidad de ser amado comenzaron a inundar todo mi ser. Era si Él me estaba diciendo: ¡Te amo justo donde estás, hijo! ¡Pero te amo suficiente como para no dejarte allí! ¡Ven Conmigo! Te mostraré quién quería que fueras desde un principio.

Con la canción llegando a su fin, todo lo que podía hacer era sollozar. De hecho, en la grabación, lo único que oí desde ese momento fue el sonido de ese hermoso canto interrumpido por los gritos de un corazón quebrantado por el puro peso del amor perdonador, redentor, incondicional, insondable, pero completamente accesible. ¡Lágrimas de libertad! ¡Lágrimas de aceptación basadas únicamente a través de la expresión de valor de alguien! ¡Lagrimas causadas por la comprensión de que Dennis Jernigan valía la vida de Jesús! Asombroso, una vida cambiada, transformada para siempre.

Salí de la homosexualidad esa noche y entre en la aventura más maravillosa de mi vida, el vivir la sanidad y redención que acababa de experimentar. Estoy seguro de que tienes muchas preguntas en este momento, y no te culpo. ¿Fue instantánea mi sanidad? ¿Fue un proceso mi sanidad? ¿La tentación se fue inmediatamente? ¿Sigo siendo tentado?

Aquí es donde la historia se pone BUENA. Así es como salí.

LA FÓRMULA MÁGICA PARA LA LIBERTAD Y OTROS MITOS

Me doy cuenta de que este libro justo tomara un giro profundo en el reino espiritual. Te animo a que aguantes un poco conmigo; hay una buena razón para hacer esto. Había hecho de mi vida un desastre, pero a través de la fe en Jesucristo, fui capaz de permitir que Él comenzara a desenmarañar ese lío, un proceso que continúa hasta el día de hoy. Él no sólo desentrañó mi creencia de que yo era homosexual, sino toda una existencia, demostrándome a lo largo del camino que con Él, NADA es imposible.

No hay una fórmula mágica para la libertad de la atracción del mismo sexo, pero hay una salida; lo sé porque la encontré, o tal vez me encontró. Debido a todo lo que había pasado desde mis primeros encuentros sexuales hasta esa noche de noviembre de 1981, y debido a los sentimientos de desesperanza total que había descubierto en la homosexualidad en general, decidí limpiar la pizarra y comenzar de nuevo. Ya no permitiría que mis fracasos pasados o tentaciones sexuales me definieran. Ya no permitiría que mis amigos gay o la comunidad gay me definieran. Incluso determiné que Dennis Jernigan tampoco llegaría a definirse a sí mismo. Eso redujo los factores determinantes en mi vida a su más bajo denominador común: Dios. Sólo mi Hacedor me definiría.

Esas determinaciones significaban que tenía que despojarme de todo lo que antes había llenado mi mente. Tenía que llegar a una comprensión básica de mi fe. Dios es Dios; Yo no soy. Él es el alfarero; Yo soy el barro. Él es el

Pastor; Yo soy la oveja. Él es el Padre; Yo soy el hijo. Él es mi Creador; Yo fui diseñado por Él; por lo tanto, era razonable en mi mente que ir a cualquier cosa que no fuera mi Hacedor para encontrar mi destino y propósito para la existencia era una locura. Necesitaba ir directamente a la fuente. Si tuviera un problema con mi coche, nunca lo llevaría a la tienda de abarrotes para hacerle las reparaciones; Yo iría al fabricante. Nunca llevaría mi computadora portátil a la tienda local de helados para las reparaciones; yo miraría el manual. Yo iría al fabricante.

Lo que me sucedió en la noche del 7 de noviembre de 1981, fue que nací de nuevo. Al poner mi fe en Cristo, me fue dada una nueva identidad. El viejo Dennis fue crucificado con Cristo por fe y me dio una nueva identidad. El viejo yo fue enterrado con Él por fe. ¡El nuevo yo fue elevado a una vida nueva en, con y a través de la fe en Cristo! La fe trasciende como me siento en todo momento. La fe trasciende sobre lo que otros piensen o no piensan de mí en todo momento. La fe incluso transciende mis circunstancias. Comencé a mirar mi vida desde un nuevo punto de vista. En un instante, fui completamente cambiado. Pero el cambio es un proceso.

Estar hecho de nuevo no borró mi pasado. Nacer de nuevo no hizo cesar las tentaciones. Nacer de nuevo no me aliviaba de las circunstancias de la vida. Nacer de nuevo simplemente me dio un cimiento apropiado y una visión del mundo a través de la cual podría operar. Nacer de nuevo me dio la perspectiva apropiada sobre la tentación y cómo mi Padre puede usarla para traer aún más libertad profunda a mi alma. Nacer de nuevo me dio la perspectiva adecuada de cómo enfrentar las circunstancias de la vida en lugar de ser superado y abrumado por estas.

El proceso se parece mucho a Lázaro, el amigo de Jesús, que había estado muerto en la tumba por varios días. Cuando Jesús llegó a la tumba de su amigo, Él simplemente dijo: Lázaro, sal fuera, y ¡Lázaro salió de la tumba caminando! Estaba vivo, plenamente vivo, alegremente vivo. Sin embargo, Lázaro no era LIBRE, aunque estaba vivo. Jesús dijo a los que estaban reunidos con asombro alrededor del hombre resucitado, ¡Desatadle, y dejadle ir! ¿Cuáles eran esas vendas usadas con los muertos? Eran tiras de tela, como las envolturas que usaban para envolver una momia, para atar y cubrir el cuerpo. Cuando Lázaro empezó a caminar hacia Jesús, la gente comenzó a ayudarlo a desenmarañar las cosas que una vez lo definieron en la muerte, pero ahora sólo sirvió para atarlo en la vida. Decidí el 7 de noviembre de 1981 que simplemente caminaría hacia Jesús y confiaría en Él y en aquellos a quienes Él envió para ayudarme a desenredar el lío de mi pasado, ¡un pasado que antes había permitido definirme!

De repente me quedó claro que desde la infancia había creído una gran cantidad de mentiras en mi mente con respecto a mi identidad sexual, mis talentos, mi carácter y todo sobre mí. Ya no podía confiar en nadie de mi pasado para ayudarme porque razonaba que estaban en la misma situación que yo. En ese momento, decidí ir a la Palabra de Dios, el manual, al Padre Dios mismo en oración íntima y adoración, no para descubrir quién era yo, ¡Sino que para descubrir quién era Él! Tenía sentido para mí que si por la fe yo era verdaderamente Su hijo, entonces Su ADN espiritual fluía a través de mis venas. Así que para saber quién era yo, ¡primero tenía que averiguar quién dijo Él que era!

Descubrí que Él me amaba justo donde yo estaba, pero que Él me amaba lo suficiente para no dejarme allí. Descubrí que Él se goza más en MÍ presencia de lo que podría yo en la Suya. Descubrí que incluso cuando estaba completamente entregado al estilo de vida homosexual, Él pensó que valía la pena morir por mí. ¡Descubrí que Él podría incluso tomar mis fracasos, mis heridas y las cosas que el Mentiroso quería para mal y darles la vuelta y usarlas para MI BIEN!

Comencé a derramar mi corazón a Dios en canto y oración. Comencé a llamar a cualquier cosa contraria a Su Palabra una mentira, y rápidamente la reemplacé con la verdad que Su Palabra me reveló. La adoración adquirió un significado totalmente nuevo para mí. La adoración era más que cantar en el aire a un ser que puede o no estar allí. La adoración se convirtió para mí en una práctica de intimidad con Dios. En otras palabras, corría hacia Él y le llevaba mi corazón a Él con honestidad, diciendo: Aquí está mi corazón, Padre. Ve en mí. Y en mi fe yo escucharía a él decirme a mi ”Hijo, aquí está mi corazón. Ve en mí”. Había cambiado mi vida vieja por la suya en la cruz, y dejé a ese viejo hombre en la tumba. Salí de la tumba y me metí en la relación más liberadora, más satisfactoria y más viva que jamás había conocido. Hasta ese momento en mi vida, yo había visto a Dios como un policía cósmico, observándome para ver cuando iba estropear algo para que pudiera venir y golpearme en la cabeza, pero ahora lo veía como el Dios que tan pacientemente me esperó, el Dios que me quería tanto, que dio todo lo que tenía y todo lo que era para hacerme suyo. ¿Cómo no voy a seguir apasionadamente ese clase de amor?

Cuando descubrí que el campo de batalla de mi vida no era mi cuerpo, sino mi mente, comencé a tomar medidas drásticas para limpiar mi mente, borrando cada pensamiento que se oponía a la naturaleza que Dios había querido para mí y reemplazándola con la verdad de acuerdo con SU Palabra Y SU naturaleza. Quizás esos pasos parecerán una locura a ti, pero yo sabía que necesitaba una cirugía profunda y no un simple vendaje para las heridas de mi vida. Lo primero que hice fue quemar cada carta, foto y regalo que me habían dado en las relaciones homosexuales de las que había sido parte. ¿Mi razón? Tuve que cortar todos los lazos emocionales que no eran de acuerdo con mi relación con Dios.

De 1981 a 1993, eliminé toda clase de música, sea cristiana, secular o lo que sea, salvo por la música que Dios estaba dando a luz en mí. Cortando la televisión y las películas y cualquier voz que consideré un obstáculo entre mi Dios y yo, empecé a escuchar lo que Él tenía que decirme a través de Su Palabra; A través de otros creyentes; Y con Su Voz apacible. Y como Lázaro, las viejas vendas de la tumba, las cosas que solía definirme, empezaron a ser arrancadas.

Cuando yo era un niño, ocasionalmente tuve mis berrinches. Mi mamá entonces me decía: Eso es tan "Bristol" en ti. Lo que significaba eso es que estaba respondiendo como mis bisabuelos con apellido "Bristol" pelirrojos violentos. Lo que significaba era que no podía dejar de estar enojado porque eso era ¨tal como yo era.¨ El Señor se ocupó de eso un día cuando había respondido con mucho enojo y oí Su voz decirme en ese momento de ira: "Eso NO es quién eres, hijo. ¿Quién te dijo que eras un hombre enojado? Esa ira es parte de las vendas viejas de la tumba que te definió como un hombre muerto. Vamos a arrancarlas. ¡Ve lo que está expuesto ahora, ese corazón de paz que he plantado en ti! Sólo *sé* eso, hijo.

Después de la noche del 7 de noviembre, de 1981, mi vida se convirtió menos acerca de actuar para ser aceptado y aprobado y más bien en aprender a solamente *ser*. El rebote de una experiencia traumática a otra fue reemplazado por un flujo constante de existencia cuando puse en práctica lo que Annie Herring había dicho esa noche, que somos gente de elección. En otras palabras, se me ocurrió que, aunque me sucedieran cosas traumáticas, todavía tenía la opción de escoger cómo responder a ellas. ¡Eso cambió todo para mí!

Aunque me llevaría otros siete años ganar la confianza para compartir mi historia públicamente, las semillas de la sanidad, la libertad y la restauración fueron sembradas en mi corazón y mente esa noche. La gente a menudo me pregunta si mi sanidad fue instantánea o si fue un proceso. La respuesta es ambas cosas. En un instante, fui complemente y totalmente cambiado de muerte a vida, de viejo a nuevo, de gay a heterosexual, de la oscuridad a la luz. Pero el proceso ha sido como Lázaro saliendo fuera de la tumba mientras yo permitía que el Padre me removiera las vendas de muerte que ANTES me definían, y permití ser definido por Él y sólo por Él.

¿Suena demasiado bueno para ser verdad? Créeme, no puedes inventar una historia como la mía. Pensé que los acontecimientos del 7 de noviembre de 1981 eran monumentales, y lo fueron, ¡pero lo que estaba a punto de venir me sacudiría mi mundo y haría explotar a mi mente aún más de lo que ya había sido sacudida y alborotada!

Había renunciado a casarme o tener una familia, pero Dios tenía otra cosa en mente para mí. Quería que estuviera casado. . . ¡Con una mujer!

CASADO… CON UNA MUJER

A medida que crecía, a menudo soñaba con el matrimonio, pero con el paso de los años y la atracción por el mismo sexo que ocupaba un lugar central en mi mente, casi había renunciado a estar casado con alguien, ¡mucho menos una mujer! Pero de hecho, el Padre tenía otros planes para mí. Contento de ser célibe, al menos eso es lo que me dije a mí mismo, siempre anhelaba y creía que un día tendría una familia, simplemente no veía el cómo. Por un lado, pensé que ninguna mujer querría tener algo que ver con alguien que luchara con la atracción por el mismo sexo. Y por otro lado, no pensé que mi cuerpo respondiera sexualmente a una mujer ya que no me había sentido excitado por una mujer hasta este punto.

Después de la noche del concierto de 2nd Chapter of Acts, mi percepción cambió. Mi percepción de Dios cambió. Mi percepción hacia otros cambió. Mi percepción de mí mismo cambió. Con cada día que pasaba de mi nueva forma de mirar la vida, para encontrar mi identidad en Cristo caminando íntimamente con Él, las mentiras que había estado creyendo empezaron a ser destrozadas por la verdad del punto de vista de Dios. De repente, tener un cimiento de verdad desde el cual operar hizo más fácil tratar con la tentación. Saber que las cosas que me tentaron no tenían poder para definirme, me dieron tal poder para continuar el camino hacia una libertad aún mayor.

¡Tanta sanidad estaba entrando en mi vida que me estaba volviendo cada vez más abierto a la realidad de que PODRÍA escuchar a Dios HABLARME!

Fue durante este período de mi vida cuando empecé a confiar en el Padre con las áreas más mínimas de mi vida. Para conocer a alguien íntimamente, uno debe pasar tiempo con el otro en una conversación, simplemente haciendo preguntas sencillas. En la inmadurez de mi fe, le preguntaría cosas como: Señor, ¿me amas? Muéstrame cuánto es que me amas. Desde allí, me gradué a preguntas como: Padre, ¿me enseñarías qué debo ponerme hoy? ¿Me guiarías a pasajes específicos de Tu Palabra que tratan de temas acerca de la sanidad? Hacer preguntas tan íntimamente mundanas me enseñó a escuchar la voz apacible de Dios. Una vez que comencé a sentirme confiado con las pequeñas cosas, me gradué a asuntos más grandes de la vida, como el matrimonio.

Una vez terminada la universidad, muchos de mis amigos se estaban comprometiendo con sus novias, así que naturalmente, la idea del matrimonio nunca estuvo lejos de mis pensamientos, sobre todo cuando recordaba los sueños de mi juventud de que iba a tener una esposa e hijos. Estos pensamientos llegaron a un punto crítico a principios del verano de 1982. Como ya estaba aprendiendo a hacer preguntas a Dios y luego confiar en Él para que respondiera en Su tiempo y en Su manera que Él escogiera hablarme, y la pregunta ¿Debo casarme? muy seguido daba vueltas en mi mente, y si es así, ¿con QUIÉN quisieras que me casara? Durante este tiempo, fui animado a pedirle al Señor una dirección específica pidiéndole alguna señal entre Él y yo. ¿Cuál era esta señal que yo le había pedido al Señor acerca del posible matrimonio? Le dije, Señor, si quieres que me case, ¿hablarías a través de mis padres? Lo suficientemente inocente, pero insondable para mí en la pequeñez de mi fe. Mi creencia era que esto era una gran cosa para pedir ¡que estaría a salvo y seguro por un tiempo!

Habiendo ofrecido al Señor mi petición, no lo pensé más. Pasaron dos semanas, yo casi lo había olvidado hasta que fui a casa el fin de semana para visitar a mis padres. Después de la iglesia ese domingo, estábamos sentados alrededor de la mesa hablando después del almuerzo cuando la conversación de repente, ¡se desplazó al tema del matrimonio! Mi hermano menor acababa de comprometerse, por lo que era natural hablar sobre el tema. La conversación progresó muy normal, hasta que mi madre hizo un comentario: "Siempre pensamos que tu serías el primero en casarte. Asombrado y sintiéndome incomodo, yo con indiferencia contesté: Bueno, "¿con quién crees que debería haberme casado?" Imagina mi incredulidad cuando mi madre, sin perder un segundo, respondió: "Tu papá y yo siempre pensamos que Melinda era la adecuada para ti".

No sé si alguien más se dio cuenta, pero de repente me sentí sonrojado y mareado mientras trataba de comprender la seriedad de lo que acaba de oír. Unas dos semanas antes, ¿no le había pedido al Señor que me hablara del matrimonio a través de mis padres? ¿Y mi madre acababa de hacer la declaración que creía haber escuchado? ¿Realmente Dios había contestado a mi oración? En ese momento mi mente comenzó a tambalearse con la posibilidad. Todo lo que podía pensar era lo imposible que sería porque había quemado el puente entre Melinda y yo en una manera muy hiriente y definitiva. Conduciendo de regreso a casa, la idea siguió corriendo a través de mi cabeza, sin embargo, diciendo, "Tú me pediste que hablara a través de sus padres. Lo que oíste es real. Confía en Mí, hijo."

Durante toda la noche luché con esas palabras. Sintiéndome temeroso y sin fe debido a la manera en que terminé las cosas con Melinda, sentí poca o ninguna, confianza en perseguir una relación con ella. Poniéndome en su lugar, me dije ¡que nunca volvería a hablar conmigo! Sin embargo, no podía dejar de pensar en la oración tan específica que había orado y en la manera tan específica en que había sido tan convincentemente contestada. Y luego tuve otra brillante idea. "Señor, sé que contestaste mi oración, pero estoy tan reservado incluso a acercarme a Melinda. Padre, me hablaste a través de mis padres. ¿Podrías hablar conmigo, confirmar Tu voluntad, a través de sus padres?"

Yo sé. ¡Oh, hombre de poca fe! Eso es exactamente como yo me sentía también. Cuando miro hacia atrás, creo que para donde yo estaba en ese momento, ¡fue una cosa muy audaz que hice de mi parte! Dado que eran los días antes de los teléfonos celulares, todo lo que tenía eran dos hechos muy básicos. ¡Había oído que Melinda vivía con su mamá desde que sus padres se habían divorciado y tenía la dirección de su madre! Así que, cuidadosamente escribí una carta, dirigiéndola a su madre, Sheila. En esa carta, simplemente declaré el hecho. que había herido a su hija y sabía que no la merecía. Deseaba buscar su perdón. Quería buscar tener una relación con su hija y no tenía más que buenas intenciones para con ella. Quería su permiso para contactar a Melinda de nuevo.

¡Poco lo sabía, pero Melinda había reconocido mi letra en el sobre y había llamado a su mamá en el trabajo y se lo había leído a ella por teléfono!

La siguiente cosa que supe fue que recibí una llamada de Sheila dándome su permiso sincero para cortejar a su hija. Fui a Mesquite, Texas para reunirme con Melinda y su mamá buscando el perdón de Melinda. Le dije que quería buscar una relación con ella, diciéndole que Dios había hecho una poderosa obra en mi corazón y vida y que quería demostrarle a ella que podía confiar en mí. Por supuesto, hábilmente evitaba decirle los detalles de mi pasado. ¿Por qué habría de hacer eso?

Mi amigo, Chuck, había buscado consejo para mí a través de un mentor de confianza de él. Era una de esas sesiones de consejería donde preguntaba "tengo un amigo que lucha con la atracción del mismo sexo, y tiene temor que otros vayan a descubrir su lucha, ¿qué debo decirle? ¿Su consejo?" Citando el Salmo 103:12, dijo: "Cuanto está lejos el oriente del occidente, hizo alejar de nosotros nuestras rebeliones." ¿La traducción? Dios ha olvidado tu pecado; así que tú también debes hacerlo. No lo desentierres más.

¡Eso fue una gran noticia para mí! ¡No tendría que decirle a nadie nunca más! ¡Yo era LIBRE! El único problema era que el matrimonio real requiere intimidad real, no sólo intimidad sexual. Estaba a punto de entrar en un matrimonio esperando una intimidad total mientras retenía la parte más profunda de mi corazón, una parte de mí que sólo Melinda podría ayudarme a sanar.

LA NOCHE DE BODAS Y
LA VERDADERA INTIMIDAD

Melinda vino a la Ciudad de Oklahoma a visitarme a finales de junio o principios de agosto de 1982, y yo ya había planeado dar un paso de fe y ¡pedirle la mano! Como estaba a punto de comenzar un nuevo trabajo como maestro de cuarto grado en una escuela privada cristiana, tenía muy poco dinero, pero había convencido a mi padre de ayudarme sacar un préstamo para que pudiera comprar un anillo para Melinda. Cuidadosamente hice la planificación de la noche, salimos a comer, y después le dije que quería mostrarle un parque local. Siempre que estábamos en el coche, cantábamos juntos, parecía tan apropiado y natural. Siempre tenía una cinta de 2nd Chapter of Acts puesto en mi reproductor de cintas. Ella no parecía notar mi nerviosismo mientras cantábamos en el camino al parque. Ella no parecía notar que traía mi guitarra conmigo. Pareciera bastante normal para ella que yo dijera: vamos a sentarnos en el parque, y voy a tocar mientras cantamos.

Nos sentamos en una mesa del parque y desempacando la guitarra le dije que tenía una canción para ella. Cuando comencé a cantar la canción, no pude dejar de temblar. Mi voz temblaba y también mis manos. Estoy seguro de que ella pensó, ¿Qué pasa con este tipo? Pero mientras las palabras caían de mi boca, ella pudo traducir la intención de mi intento débil de cantar. Terminando la canción, me arrodillé y le presenté la caja del anillo y le pregunte: ¿Quieres casarte conmigo?

Nos casamos un año después el 12 de agosto de 1983. Por supuesto, una de las preguntas que más me preguntaba a mí mismo era, *¿Podré desempeñar sexualmente?* Ese año se convirtió en un año de intenso descubrimiento sobre mi verdadera identidad masculina. La conclusión que seguía volviendo cada vez a mi cabeza cuando la pregunta venia era: Dios me liberó. Dios nos juntó. Yo confié en que Él hiciera eso. Yo confiaré en Él con mi cuerpo, confiare en Él para hacer que todas las cosas funcionen para Su bien. Honestamente esa era mi oración. Y yo confié en Él.

Nuestra noche de bodas fue intensamente hermosa para mí en tantos niveles. Libertador. Emocionante. Edificando mí fe. Lo que estoy a punto de compartir contigo es algo que sólo Melinda y yo hemos conocido durante los últimos treinta años de nuestro matrimonio, pero me siento impulsado por el Señor a compartir estas cosas contigo con respecto a nuestra intimidad. No te preocupes, seré discreto. Basta con decir que yo estaba más que un poco nervioso cuando entramos a nuestra suite de luna de miel en el Hotel Anatole en Dallas. Sintiendo un poco de hambre y tratando de sofocar los nervios con la distracción, pedí una hamburguesa y papas fritas. Para tratar de aliviar EL MOMENTO y calmarme, la hamburguesa realmente ayudó.

Permitiéndome ser visto desnudo, sin vergüenza era algo nuevo para mí, y ver a Melinda y su gran belleza me tranquilizó inmediatamente. Cuando nos acomodamos en la cama, una cosa asombrosa empezó a suceder para mí. Mi cuerpo comenzó a responder a la verdad que había estado aprendiendo acerca de mí. Esta sencilla realización, de lo que Dios llamó verdad fue realmente MÍ verdad, llenó mi corazón de una pasión y me atrevo decir, un nivel de masculinidad del que sólo había soñado hasta ese momento. A medida que nos acariciamos, mi cuerpo empezó a surgir con sentimientos de paz y confianza absoluta, y mis pensamientos dieron paso a un éxtasis puro. Cuando nuestro acto de amor inicial llego a un dulce cierre y nos acurrucamos yo estaba sobrecogida con emoción. Melinda no podía entender ni podía decirle, aparte de decir: "Por primera vez en mi vida sexual, no siento culpa ni vergüenza."

En mi mente mi libertad era total y completa. Esa noche, yo había aniquilado las últimas marcas, rastros y residuos de odio a mí mismo con respecto a mi pasado, ¡y abracé completamente mi heterosexualidad! Aunque Melinda y yo disfrutamos de una vida sexual muy saludable, no vi razón alguna para compartir mi pasado con ella. En mi mente, mi pasado se terminó, un capítulo cerrado de mi vida. Poniendo a toda velocidad nuestras vidas, ambos disfrutamos intensamente de nuestra relación física. Ambos habíamos sufrido mucho en el pasado y ambos sentíamos que se nos había robado gran parte de nuestra juventud, tanto de nuestras vidas fue robado, que determinamos desde el principio de nuestro matrimonio que nos entregaríamos libremente el uno al otro. Si ella necesitaba mi cuerpo, era suyo; Si yo necesitaba su cuerpo, el suyo era mío, no rehusamos nada. Tomamos este pasaje de la Palabra de Dios como nuestro propio para mejorar nuestra intimidad. "La mujer no tiene potestad sobre su propio cuerpo, sino el marido; ni tampoco tiene el marido potestad sobre su propio cuerpo, sino la mujer. No os neguéis el uno al otro, a no ser por algún tiempo de mutuo consentimiento, para ocuparos sosegadamente en la oración; y volved a juntaros en uno, para que no os tiente Satanás a causa de vuestra incontinencia." (1Corintios 7:4-5)

Lo llevamos al siguiente nivel también, diciéndole a Dios que recibiríamos toda la vida, hijos, que Él nos daría en el proceso. ¡Y los bebes empezaron a venir! Diciembre de 1983 se convirtió en un tiempo muy especial para nosotros. Fue cuando descubrimos que Melinda estaba embarazada con nuestro primogénito, Israel. Nuestro nivel de intimidad física se hizo aún más precioso por la profundidad y la manera en que pudimos aprender a comunicarnos. Aun así, ansiaba que ella me conociera más. En realidad, deseaba contarle sobre mi pasado, pero estaba seguro de que se divorciaría de mí si la verdad llegara a conocerse. Así que, como era mi costumbre, lo puse en una canción, una canción cuyo significado ella no se daría cuenta por completo hasta otros cinco años.

CANCIÓN DE ESPERANZA

Verso

Si fueras a pasar de esta vida
¿Dónde estarías en la eternidad?
Si tuvieras la opción de ser totalmente libre
¿Dónde estarías?

No debes escuchar el temor
Porque sólo estarías negando
A tu corazón de esa paz que no puedes conseguir
Sin embargo estas muriendo
Escucha al amor y deja de intentar
¡Porque Jesús murió para amarte!

Coro

Me gustaría poder llevar tu corazón dentro de mi corazón
Ojalá pudiera mostrarte lo bien que se siente
Dejar ir las cosas que sabes que te estaban matando
Y aferrarte al único que puede sanarte
Pero sé que si lo hicieras entonces no serías tú
Porque tú, tu eres el único que elige por ti
¡Es verdad!

Verso

Si te alejaras y nunca volvieras a escucharlo
Y murieras en tu pecado
Te encontrarías en el infierno de Satanás sin nadie que contar
Lo sabes muy bien

No debes escuchar el temor
Porque sólo estarías negando
A tu corazón de esa paz que no puedes conseguir
Sin embargo estas muriendo
Escucha al amor y deja de intentar
¡Porque Jesús murió para amarte!

Coro

Me gustaría poder llevar tu corazón dentro de mi corazón
Ojalá pudiera mostrarte lo bien que se siente
Dejar ir las cosas que sabes que te estaban matando
Y aferrarte al único que puede sanarte

Pero sé que si lo hicieras entonces no serías tú
Porque tú, tu eres el único que elige por ti
¡Es verdad!

Puente

Escucha, Él está llamando a los solitarios
Y Él es el Camino, la Verdad y la Vida
Escucha, Él está llorando también
¿Pero por quién? ¿Podría ser por ti?

Coro

Me gustaría poder llevar tu corazón dentro de mi corazón
Ojalá pudiera mostrarte lo bien que se siente
Dejar ir las cosas que sabes que te estaban matando
Y aferrarte al único que puede sanarte
Si, el sabe todo el dolor por el cual tu corazón está pasando
Si, Él sabe y Él se ha levantado y te está llamando
Porque tú, eres el único que elige por ti
¡Es verdad!
¡Es verdad!

Letra y Música: Dennis Jernigan
6 de diciembre 1983
II Pedro 3:9

Fueron siete años y cuatro hijos en nuestro matrimonio antes de que la VERDADERA intimidad tomara lugar. Durante el verano de julio de 1988, ya había estado dirigiendo la adoración en nuestra iglesia. Durante un tiempo de enseñanza, nuestro pastor nos presentó la oportunidad de tratar con asuntos de nuestro pasado. Así que me encontré en el altar. En angustia por el hecho de que me sentía completamente libre de la atracción al mismo sexo, pero no lo suficientemente libre para confiar en Dios con esa verdad, por la relación que esa verdad tenía con otros, y estaba llorando. Antes de que yo lo supiera, dos hombres en los que confiaba estaban conmigo en el altar. Scott estaba a mi izquierda y Wayne a mi derecha. Sin decirles la naturaleza específica de mi pasado, les dije que era realmente sórdido y que estaba convencido de que otros me rechazarían si lo supieran, ¡especialmente mi esposa!

Wayne simplemente citó Salmo 107:1-2 a mí, sin saber que era uno de mis pasajes favoritos de la Escritura desde mis días de canto a través de los Salmos. *"Alabad a Jehová, porque él es bueno; porque para siempre es su misericordia. Díganlos los redimidos de Jehová, los que ha redimido del poder del enemigo."* Él continuó diciendo simplemente, "Dennis, si eres redimido, ¿Qué importa aquello de lo que fuiste redimido si es que fuiste redimido?" Durante el resto de la noche, mi mente estaba consumida con esa verdad. Si soy redimido, ¿qué importa de lo que fui redimido?

Mientras nos dirigíamos a casa y acostábamos a los bebes en sus camas, le cantaba a cada uno hasta se quedaban dormidos, estaba abrumado por el amor de mi Padre hacia mí, ese amor ahora se derrama en mí y ahora sobre mis propios hijos. Melinda se dio cuenta que estaba nervioso mientras me metía en la cama. Después de unos momentos, ella me preguntó: ¿Qué es? Y la gracia de Dios estaba sobre mí para que lo hiciera.

¿Recuerdas cómo acordamos nunca hablar de los detalles específicos de nuestro pasado, cómo pensamos que haría más daño que bien? No creo que eso sea cierto. Quiero que me conozcas, que REALMENTE me conozcas. Y realmente quiero conocerte.

Estaba temerosa, me di cuenta. Pero le aseguré que no quería herirla y pensaba que de alguna manera Dios haría mejor las cosas entre nosotros si pudiera compartir con ella el último fragmento de las vendas de sepultura. Ella simplemente dijo, adelante.

Te recuerdas la Canción de Esperanza, ¿Me gustaría poder llevar tu corazón a mi corazón? ¿Recuerdas cuando terminamos en la universidad, y te dije que había cosas sobre mi pasado, que sería mejor que no lo supieras? Bueno, no puedo evitar la Palabra de Dios. Él me ha llevado a esa conclusión que si no puedo compartir de qué me ha redimido, entonces realmente no confío en El. Y quiero compartir esto contigo porque tanto como confío en Él, también confío en ti.

Silencio.

Después de algunos segundos, simplemente dije: "En mi pasado he luchado con la homosexualidad.

Silencio. . . Roto con las palabras más dulces que había escuchado de mí esposa.

"¿Eso es todo?"

¿ESO ES TODO?!?!?! ¿Estaba ella bromeando?

Ella continuó. Ahora puedo compartir mi basura, y podemos seguir adelante.

Esa noche descubrí la intimidad más profunda conocida por el hombre. Descubrí que podía confiar abiertamente en mi Dios y que podía confiar abiertamente en mi esposa. Lo que había sido un matrimonio verdaderamente íntimo y apasionado hasta ahora se convirtió en una furioso, incontenible fuego de intimidad entre dos personas y su Dios, una intimidad que nunca imaginé posible en esta vida.

Pensé que finalmente había llegado, hasta que. . .

SIEMPRE HAY MÁS

Nuestro matrimonio se hizo más fuerte después de compartir mis luchas con mí esposa, pero mi Padre tenía más preparado para mí de lo que jamás había imaginado y usaría las cosas de las que más me avergonzaba para traer aún una mayor sanidad a mi alma. Después de la noche de honestidad con Melinda, mi corazón se animó mucho. Si mi esposa conoció mi pasado y todavía me amaba, entonces ¿qué importaba los demás? ¡La que más necesitaba estaba firmemente conmigo, para mí, y de mi lado! De hecho, el nivel de libertad que me trajo sólo el hecho de que otra persona importante me conociera y me amara me llenaba de tal confianza que empecé a considerar quién más podría necesitar saber sobre mi pasado.

La primera persona que vino a mi mente fue mi pastor, Jerry. Melinda y yo habíamos conocido a Jerry un día cuando vino a nuestra casa para invitarnos a su iglesia, una pequeña iglesia de unas cincuenta personas. En ese momento, Melinda y yo estábamos bastante cansados de jugar a la iglesia, cansados de la religión y la actuación, y deseábamos una verdadera relación. Simplemente despedí a Jerry e intenté cerrar la puerta sin herir sus sentimientos, pero tenía un arma secreta. Dijo: "Me han dicho que te gusta Keith Green y 2nd Chapter of Acts". Lo dejé entrar, y hablamos durante una hora de esos dos poderosos ministerios en mi vida.

Cuando se fue, nos invitó a venir a adorar el miércoles por la noche, asegurándonos que realmente amaríamos la adoración personal. El siguiente miércoles fuimos. El grupo era pequeño pero nos sentimos bienvenidos. Cuando llegó la hora para la adoración, un hombre se levantó y llamó a la iglesia para una reunión de negocios. Melinda y yo nos miramos y no tuvimos que decir una palabra. Sentíamos un sentimiento de religión venir sobre nosotros y simplemente nos levantamos, recogimos a nuestro hijo pequeño, y nos dirigimos a la puerta. Jerry nos vio salir y vino directamente hacia nosotros. ¿A dónde van? Preguntó con una mirada de incredulidad. Hemos terminado con la religión, con las reglas y regulaciones. Sólo queremos a Jesús, fue mi respuesta. La reunión de negocios durará sólo cinco minutos, y luego adoraremos. Confiar en mí. Te alegrarás de haber venido.

Sentándonos otra vez, era verdad, la reunión de negocios fue corta. Entonces el pastor de la alabanza, Paul, se levantó y comenzó a dirigir en un coro de adoración. Cuando empezó la letra, una presencia dulce y sencilla comenzó a llenar el lugar.

> Está empezando a llover, oye la voz del Padre
> Diciendo quien sea que vaya a beber del agua
> Derramaré Mí Espíritu sobre Mis hijos y Mis hijas
> Si tienes sed y estas seco, levanta sus manos hacia el cielo
> Está empezando a llover[2]

No podía dejar de llorar. Todo lo que pude hacer fue dar gracias a Dios por este pequeño grupo de personas que no parecía importarles que alguien más los viera amando abiertamente a Jesús, expresando abiertamente y externamente su amor por Él. Y era muy obvio que ellos creían que Él los amaba también. Nos enamoramos de este grupo de personas esa noche y sentimos que finalmente teníamos una casa. Durante los siguientes ocho años, llamamos este grupo nuestra familia. Y puesto que no tenía que actuar para recibir aprobación, no sentía la necesidad de ser una gran parte del equipo de adoración. Por el primer año, lo más que hice fue un solo ocasional. Realmente me contentaba con tocar mi violín como una simple ofrenda de adoración a mi Dios. Dios me estaba enseñando a encontrar mi fuente de vida en Él, y no en mi desempeño. Simplemente SER era realmente suficiente por primera vez en mi vida.

---

2. Compuesto por William y Gloria Gaither/Aaron Wilburn. Copyright 1979 Gaither Music/First Monday Music

Un domingo por la mañana, como era nuestra costumbre como equipo de adoración, estábamos reunidos en una pequeña habitación junto al santuario orando. La banda estaba allí. Los cantantes de la alabanza estaban allí. El pastor y el líder de adoración estaban allí. Cuando estábamos reunidos en un círculo para comenzar a buscar a Dios, el pastor de la adoración, Paul, pidió compartir algo. Todos respetábamos mucho a Paul, siendo un siervo tan fiel, amando y animando a todos siempre. Pero su tono me preocupaba. Parecía más serio y solemne que de costumbre.

"Dios ha puesto en mi corazón que estoy en el lugar de otra persona como líder de adoración. De hecho, esa persona no puede asumir su lugar legítimo mientras yo esté parado en él."

Sus palabras se sentían tan pesadas en mi alma. Toda la habitación lo sentía a la vez. La expresión en la cara de todos lo dijo todo. "Paul está a punto de renunciar, y estamos a punto de ser devastados".

Y continuó diciendo: "Y Dios me ha mostrado quién debe estar parado aquí en mi lugar".

Todos estábamos en shock hasta ese momento, pero mi sorpresa se convirtió en incredulidad con la siguiente oración.

"Esa persona es Dennis Jernigan".

Como ser golpeado con un bate de béisbol en mi cabeza, me quedé atónito. Antes que pudiera responder, el Pastor Jerry intervino: "Dios me ha hablado lo mismo. Y tú debes comenzar hoy".

Como un venado atrapado por los faros, caminé cómo un zombi al púlpito y puesto en pie dirigí las canciones que ya habían sido seleccionados para el culto. Aunque me encantaron todas las canciones y las sentían de todo corazón, no expresaron lo que yo estaba sintiendo ese día. Inmediatamente después del servicio, fui al Pastor Jerry y le dije: Si esto es verdaderamente la voluntad de Dios, entonces debo liderar a través de mis dones. Déjame liderar desde el piano la próxima semana. De esa manera, puedo fluir de canción en canción, como conduzca el Espíritu. Eso fue en 1986, ¡y no me he levantado de ese piano desde entonces!

Después de ese día, el Señor comenzó a derramar música en mi corazón, específicamente para nuestro pequeño cuerpo de personas. Nacieron canciones para las personas afligidas. Nacieron canciones para personas atrapadas en adicciones. Nacieron canciones para personas que habían sido heridas o traicionadas. Canciones comenzaron a nacer para sermones específicos. Canciones nacieron para situaciones de mi propia vida que no había podido compartir abiertamente con nadie más hasta esa noche que compartí con Melinda.

Después de compartir con Melinda, empecé a sentir un sentido de urgencia para contarles a otros. No sólo mi corazón se sentía más ligero al compartir la carga con los demás, pero sentía la responsabilidad de exponerlo a aquellos con los que estaban en el ministerio conmigo para que pudieran tomar las medidas necesarias para encontrar a alguien que tomara mi lugar. Habiendo sido pastor de la adoración durante casi dos años hasta este punto, me sentí obligado a contarle a Jerry mi pasado, planeando a renunciar a mi posición de liderazgo.

¿La respuesta de Jerry? "Necesitas compartir esto con todo el cuerpo". ¿Su razonamiento? Otros encontrarán gracia para compartir sus propias heridas y fracasos si compartes los suyos. Esa noche, el 13 de julio, 1988, hice precisamente eso. Jerry dijo a la iglesia que estaría compartiendo algo significativo con ellos. Temblando y tenso, y sintiéndome como si me fuera a desmayar, pude contar mi historia, y siendo la primera vez, sólo tomó diez minutos. Mientras bajaba de la plataforma, esperaba ser rechazado, y había planeado renunciar tan pronto como pudiera hablar con Jerry. Pero algo asombroso sucedió. Jerry me pidió que me parara en frente a la gente, y luego los invitó a venir, uno por uno, y compartir conmigo lo que mi historia significaba para ellos. Esperando ser tratado con desagrado y vergüenza, especialmente por mis amigos masculinos, me quedé aturdido en lágrimas cuando mi mejor amigo, Greg, vino a mí y me abrazó con todas sus fuerzas y no me soltaba. Sanidad fluyó a través de mí en ese momento. ¡Y pensé que había sido sanado antes! Pero como de costumbre, el Padre tenía más.

Un hilo común comenzó a ser tejido a través de las palabras de cada persona esa noche. De pie allí después de compartir durante más de una hora, escuché historia tras historia. "Muchas gracias por compartir. Tu coraje me dio el coraje de buscar la sanidad por un aborto que tuve cuando estaba en preparatoria".

"Gracias por compartir, yo también estoy luchando con atracción al mismo sexo, y voy a pelear por mi libertad".

"Muchas gracias por compartir. Por la primera vez, siento que es posible la sanidad. Fui abusado sexualmente de adolescente y nunca le dije a nadie porque pensé que era mi culpa. Sentí que estaba demasiado manchada para acercarme a Dios. Me sentía demasiado herida para confiar incluso que Él tocara mi corazón destrozado, pero ahora estoy lista para dejar que Él me sane completamente.

Seguían y seguían las historias. ¡Y pronto empecé a oír de otros que ni siguiera estuvieron allí esa noche! Y luego me di cuenta de que probablemente debería decirle a mis padres porque era preferible que oyeran de mí y no de alguna fuente de segunda mano. Así que fui a mi casa en Boynton y les pregunté a mis padres si podía hablar con ellos. Recuerdo haber tenido tanto miedo de hablar con ellos que casi lo estropeé. Papá ya se había ido a la cama, y sabía que no tendría una oportunidad al día siguiente, así que le pedí a mi mamá que se uniera a mí y a papá en su dormitorio.

Papá ya estaba debajo de las sabanas, pero de algún modo tuve el coraje y me senté en la cama a su lado.

"¿Recuerdas que estaba pasando un tiempo difícil en la escuela preparatoria secundaria y recuerdas el no saber cómo ayudarme con mi mal humor cuando estaba en la universidad? Había una razón para todo eso."

Muriendo por dentro, pero a la vez consciente que de todas las personas con las que había compartido, mis padres merecían saber más que todos. Simplemente les dije: "Luchaba con la homosexualidad y no sabía cómo lidiar con ella; No sabía cómo compartirlo con ustedes. ¡Pero ahora soy libre! Dios abrió camino para mí, y quería que lo supieran. Gracias por estar conmigo, incluso cuando debiste haber pensado que estaba volviéndome loco.

No estaba preparado para lo que sucedió después. Mi papá, mi padre no emocionalmente expresivo, me tomó de la mano y dijo: "¿Eso es todo?"

Mamá estaba llorando y papá estaba tratando de no llorar. Ambos me abrazaron, y nos sentamos allí por un par de segundos contemplando lo que acaba de suceder. Entonces mi mama simplemente dijo: "Te amo Dennis." Y entonces mi papá, todavía sosteniendo mi mano, dijo: "Te amo, hijo."

Eso es todo lo que necesitaba oír de mis padres. ¡Estaba en el cielo ahora! Sintiendo como si nada pudiera detenerme, decidí que tenía que contarles a mis tres hermanos más jóvenes, así que decidí simplemente escribirles una carta detallando todo lo que había experimentado. Cuando envié esas cartas, pensé que sería una buena idea enviar una copia a James Robison, un ministro popular con una influencia sobre millones de personas. ¿Por qué? James y su líder de adoración, Jeanne Rogers, habían estado usando algunas de mis canciones en sus conferencias Bíblicas, pensé que podían dejar de usar mi música sutilmente para no traer vergüenza a su ministerio.

Más tarde, la semana siguiente, recibí una llamada telefónica de un amigo que me decía frenéticamente que encienda mi televisión, ¡porque James Robison estaba leyendo mi carta en la televisión nacional! De repente tuve un ministerio, si lo quería o no. ¿Quién hubiera pensado que Dios tomaría mi mayor vergüenza y la usaría como un medio para ayudar a otros que luchaban con *cualquier cosa* no deseada?, ¡y todo para Su Gloria! ¡Sólo un Dios asombroso y amoroso podría hacer eso!

> "Vosotros pensasteis mal contra mí, mas Dios lo encaminó a bien, para hacer lo que vemos hoy, para mantener en vida a mucho pueblo." Génesis 50:20

Y todavía había más.

LA SANIDAD DE LAS MEMORIAS

Realmente siempre hay más. Desde mi sanidad inicial, la vida se ha convertido en menos una carga y más una aventura. He aprendido a dejar de ver la vida a través de la lente del mundo, o a través del lente del Enemigo de Dios, y ver cada situación y circunstancia a través de la lente del Reino de Dios. ¿Qué significa eso? Quiero ver la vida a través de la perspectiva de Dios y no solamente desde mi perspectiva humana. Desde un punto de vista humano, veo muchas heridas, fracasos, muerte y destrucción, pero desde el punto de vista de Dios veo mucha sanidad, triunfo, vida y restauración. Puedo ver lo que Dios ve y responder con esperanza, o puedo ver lo que el Enemigo quiere que yo vea y caminar en la desesperación.

¿Cómo aprendí esto? Mientras todavía estábamos en Oklahoma City, el pastor Jerry nos enseñó a orar usando el Padre Nuestro como un patrón.

Vosotros, pues, orareis así: Padre nuestro que estás en los cielos, santificado sea tu nombre. Venga tu reino. Hágase tu voluntad, como en el cielo, así también en la tierra. El pan de nuestro cada día, dánoslo hoy. Y perdónanos nuestras deudas, como también nosotros perdonamos a nuestros deudores. Y no nos metas en tentación, más líbranos del mal; porque tuyo es el reino, y el poder, y la gloria, por todos los siglos. Amén. (Mateo 6:9-13)

Durante ocho años, a las 6:00 de la mañana, nos reunimos de lunes a viernes, para orar, y yo ayudaba a dirigir el tiempo de oración. Mientras pedimos al Señor que trajera Su Reino a nuestras vidas en una manera tangible, comenzamos a experimentar libertad y revelación de cómo vivir exitosamente, ¡algo que nunca había visto ni experimentado antes! Durante ese tiempo, se me ocurrió la realidad de las palabras de Jesús en Mateo 6:33 que dicen: "Mas buscad primeramente el reino de Dios y su justicia, y todas estas cosas os serán añadidas". Para tratar de conocer el Reino, razoné, es mejor que busque conocer al Rey de ese reino, ¡Jesucristo! Así que mi viaje se hizo aún más íntimo y aún más liberador. Superar la atracción por el mismo sexo se convirtió en una parte tan pequeña de mi vida porque comencé a descubrir que las verdaderas necesidades de mi vida eran más básicas que las tentaciones sexuales, y que incluso esas tentaciones fugaces disminuirían si satisfacía mis necesidades a través de Jesús.

A medida que pasaban los años, y profundicé mi caminar con Dios, la libertad que experimenté fue más allá de lo que había soñado. ¡Era como si lo que había experimentado en la noche del 7 de noviembre de 1981 fuera sólo el comienzo de mi liberación! Esa noche donde las puertas fueron arrancadas de mi infierno personal y de la prisión. Lo que ocurrió en los años venideros ha sido nada menos que mi Padre derribando los muros de la prisión de maneras que ni siquiera sabía que necesitaba.

Aunque yo había estado caminando en libertad desde 1981, el alcance de esa libertad aún no había llegado a entenderla. Entre 1989 y 1990, estaba contando cada vez más mi historia en foros públicos. Cada vez que compartía, me sentía un poco más libre que la vez anterior. Fue increíble experimentar, sin embargo, todavía tenía momentos de desesperación, depresión y ansiedad. Esto me resultaba desconcertante porque me consideraba libre. Si yo estaba tan libre, ¿por qué luchaba con tales cosas? Después de todo, ¡yo sabía quién era en Cristo, y sabía QUIEN era como SU hijo!

En ese momento, me había dado cuenta de que mi campo de batalla no era mi cuerpo físico, sino más bien en mi *mente*. Por esta razón, había llegado a confiar en el Señor en la fe, incluso cuando mis sentimientos no coincidían con lo que sabía que era la verdad. Cuando busqué al Señor acerca de esto un día, lo oí decir: "Hijo, ¿qué estás pensando cuando los pensamientos desesperados, deprimentes y ansiosos vienen?"

Esa fue una respuesta fácil: "Señor, ¿por qué permitiste la homosexualidad en mi vida? ¿Dónde estabas cuando yo tenía cinco años y ese hombre se expuso a mí? Dice en Tu Palabra que nunca me dejarás ni me desampararás, pero parece que lo hiciste. ¿Y cuándo murió mi abuela? ¿Y por qué mi papá nunca me dijo que me amaba hasta después de casarme? Y ese incidente con mi mentor universitario, ¿dónde estabas en eso?

Cada pensamiento deprimente, desesperado, ansioso, estaba atado a un recuerdo de heridas en mi pasado. -¿Qué hago con estos pensamientos, Padre?

"Tú me los diste, hijo. Haz una lista de todas las veces que sientes que te he abandonado y olvidado, y te mostraré mi punto de vista cuando sea el momento adecuado. Sólo haz tu lista y confía en Mí."

Así que lo hice. Esa lista se convirtió en varias páginas. Memorias de una sola línea. Momentos de dolor. Momentos de traición. Momentos de humillación. Momentos de vergüenza. Momentos que había llevado desde mi niñez. Después de que mi lista estuviera completa, me sentía agotado, pero un paso más cerca de Dios en una intimidad honesta. Más liviano, más libre, pero todavía perdido en una niebla de preguntarme cómo y cuándo Dios me revelaría Su verdad. Después de hacer mi lista, y sentir que había sacado todo a la luz, le di mi lista a mi Padre y le pedí que me mostrara Su punto de vista cuando quisiera. ¡No tuve que esperar mucho!

Dos semanas pasaron, y honestamente no había pensado mucho en la lista. Haciendo la lista removió algunos de los sentimientos con los que había estado luchando. Además, me habían invitado a ir Boynton, Oklahoma, mi ciudad natal, para dirigir una noche de alabanza con toda la comunidad. Lleno de anticipación al llegar a compartir mi música con el pueblo donde había crecido, pero un poco aprensivo al saber bien que podría tener que ver cara a cara a algunas de las personas que me habían lastimado en el pasado, me preparé para esa noche.

Debería haber sabido que una vez que llegara allí las cosas estarían bien, pero una vez más permití que las mentiras sutiles del Enemigo invadir a mi mente. Como había aprendido en ese momento, luché a través de las mentiras con la verdad y enfrenté a los gigantes del miedo y la vergüenza y las heridas del pasado con gracia y el favor del Señor. La noche estuvo muy bien. Con sólo unas cincuenta personas asistiendo y la mayoría eran conocidos personales, la noche a la vez fue íntima y traía sanidad para mí. Sumergido en el triunfo de haber enfrentado a esos gigantes, me refresqué mucho después del concierto de adoración. Pero Dios tenía más frescura para mí de lo que había esperado.

Después del concierto, una señora de pelo canoso, June Smith, se acercó a mí y dijo: ¿No es maravilloso cómo las oraciones de su abuela Jernigan han sido contestadas?

Algo aturdido, le pregunté de qué estaba hablando.

Ella dijo: ¿No lo sabes?

¿No sabes qué? Respondí.

¿Recuerdas cuando eras un niño y te irías a la casa de tu abuela para tocar el piano?

"Si", dije. "Esos fueron algunos de mis recuerdos más preciados".

Continuando, ella preguntó: ¨ ¿Y sabías que ella estaba detrás de ti y oraba por ti?¨

"¿Cómo sabes eso?"- Fue todo lo que pude decir.

"Cada semana por años, hijo, ella venía a nuestros reuniones semanales de oración en la iglesia y nos decía como ella pediría al Señor para usarte en el área de adoración y la música para Su reino y para Su gloria, y ella pedía que estuviéramos de acuerdo con ella en oración. A la fecha de este escrito, dos de esas mujeres siguen vivas y continúan orando por mí, ¡y tengo cincuenta y cuatro años! ¡Mi abuela murió cuando tenía trece años!

Al instante todo lo que podía pensar era en la lista que había hecho dos semanas antes y cómo le había pedido a Dios que me mostrara dónde había estado cuando mi abuela murió, por qué me había abandonado de esa manera. De repente, mi mente estaba inundada de la verdad cuando oí decir mi Padre: "Hijo, te he cubierto de oración desde el primer día. He multiplicado las oraciones de tu abuela. NUNCA te he dejado, ni siquiera por un momento".

Cada recuerdo que había colocado en esa lista empezó a entrar en lo que llamo una perspectiva del Reino. Cuando tenía cinco años, alguien me había protegido del toque de ese hombre. Todas las burlas y humillaciones que sufrí en la preparatoria no habían sido en vano. Comencé a ver esas cosas como oportunidades para el crecimiento en lugar de ser derrotado. La vergüenza que había sentido debido a mi desobediencia voluntaria a Dios fue de repente levantada por la verdad del amor de Dios por mí. Incluso podía ver con otros ojos las heridas que había recibido de mi mentor de la universidad cuando permití al Padre demostrarme cómo Él podría tomar incluso mi dolor y mis heridas y transformarlas en sanidad y gozo. Y entonces comprendí: nunca entendería ni apreciaría la dulzura de la lluvia si nunca hubiera pasado por los episodios del desierto en mi vida. Pero Él todavía no había terminado.

Cómo el Padre quería, Él comenzó a empujarme a hablar con mi padre sobre cosas que habían ocurrido cuando yo era un niño, como por qué no podía hablar conmigo sobre el sexo. Y el más grande, por qué nunca me había podido decir verbalmente que me amaba. Debido que estaba viajando más y más en ese tiempo, compartiendo mi historia y mi música, tuve la oportunidad de llevar a mi papá en uno de estos viajes ministeriales. Teniéndolo solo en mi camioneta, le pedí la gracia al Señor, y luego le pregunté a mi papá todas las preguntas que había tenido tanto miedo de preguntarle cuando era más joven.

Papá, ¿Por qué nunca me dijiste que me amabas cuando yo estaba creciendo? pregunté, mi voz temblando y mi corazón latiendo asustado de lo que podía decir. Pero tenía que saberlo.

"Bueno, mi papá nunca me lo dijo, así que no sabía *cómo* decirte."

Con una simple pregunta honesta y una simple respuesta honesta, mi padre y yo sanamos una herida generacional en nuestra familia. Mi padre ahora no tiene problemas para decirme lo que siente por mí. Un hombre de pocas palabras hasta el día de hoy, todo lo que necesitaba escuchar eran esas tres pequeñas palabras. ¡Hubiera sido por siempre feliz de haberlas escuchado sólo una vez, habiendo vivido una vida entera sin ellas hasta ese momento!

¿Otra cosa que Dios comenzó a hacer? Él me hizo perdonar a los que me habían herido. Me pareció más fácil hacerlo cuando me di cuenta de que NO perdonarlos no los estaba castigando a ellos nada, pero eso me tenía a MÍ atrapado en una prisión de mi propia mente. ¡Yo era el único siendo castigado! Qué libertad encontré en simplemente liberar a los que me había herido.

Sin embargo, el Padre aún no había terminado. Simplemente dijo: "Hay una persona más que tú necesitas perdonar".

"¿Quién es ese, Padre? "

"Tú mismo" es todo lo que dijo.

Parte de mis sentimientos de desesperación y depresión vinieron no sólo de las heridas pasadas, sino de cómo todavía me sentía responsable de mi pasado. Y ciertamente soy responsable de mis elecciones, pero seguía castigándome de vez en cuando sin darme cuenta de que había recibido el perdón de Dios pero que no me había perdonado a mí mismo. ¡De cierta manera, MIS estándares eran más altos que los de Dios! Qué día de liberación fue cuando me perdoné a mí mismo y seguí adelante.

Descubrí ese día que hay sólo una vez y una cosa por la cual un creyente debe renunciar a toda esperanza. ¿Quieres saber cuándo y qué es eso? Un creyente debe renunciar a la esperanza de cambiar su pasado; No se puede hacer. He descubierto que había estado desperdiciando demasiado de mi tiempo consumido con el *que hubiera sido*, ¡en lugar de seguir adelante en el viaje que Dios ha llamado vida! No estoy solo, nunca lo he estado; nunca lo estaré. Él ha estado conmigo en cada paso del camino en este viaje increíble, y siento como si estuviera apenas empezando.

Yo soy quien mi Padre dice que soy. Mi pasado no me define. La comunidad gay no me define. El gobierno no me define. Mis sentimientos no me definen. Mis circunstancias no me definen. Las personas no me definen. Ni siquiera yo me defino. Sólo uno tiene ese honor, y Él me llama suyo.

He sido completamente, irrevocablemente cambiado, sellado, liberado, un hijo del Rey, que ha decidido dejar de sentarse bajo la mesa de la vida satisfecho con las migajas que caen abajo. Soy un hijo del Rey de Reyes, y mi Padre ha puesto una mesa delante de mí, en ESTA vida, en la presencia de mis enemigos y Él me da la bienvenida a sentarme y comer plenamente con Él. En cualquier momento. En cualquier lugar. Bajo cualquier circunstancia. Soy suyo. Esta es mi vida, y habla por sí misma.

LO QUE CREO SOBRE LA ATRACCIÓN DEL MISMO SEXO

Este es mi punto de vista, y la última vez que lo chequé, todavía tengo la libertad de expresarme. Si no estás de acuerdo conmigo, está bien; respeto tu derecho a no estar de acuerdo. Pero no me menosprecien a causa de ese desacuerdo; Yo nunca les haría eso. Me parece increíble que la comunidad gay que pide tolerancia y compasión por su punto de vista es la menos tolerante y compasiva hacia cualquier punto de vista que sea diferente a la suya.

La conclusión para mí fue que simplemente no quería ser gay, y cuando me di cuenta de que yo había sido engañado por el Mentiroso a creer algo sobre mí mismo que mi Padre Dios nunca quiso, empezó el viaje más increíble que alguien jamás podría imaginar. Y no cambiaría lo que he encontrado por NADA. El Enemigo de Dios trató de robarme la intimidad humana más profunda que he conocido, la intimidad entre un hombre y una mujer. La intimidad que experimenté en la vida homosexual nunca fue tan satisfactoria, nunca. Y creo que es porque para mí la vida gay era una falsificación, algo menos de lo mejor de Dios.

Como me he esforzado por poner por escrito la historia de mi vida, he sido asombrado con todo lo que Dios me ha dado, vida, libertad, amor, y gozo. Pensando en todo lo que he soportado para llegar hasta aquí, puedo decir honestamente que ha valido la pena. Conocer a Jesucristo íntimamente ha valido cada lucha, dolor y tormento del alma por la que he pasado. Piensa en lo que el Mentiroso trató de robarme, mi esposa, mis nueve hijos, mi gozo.

Mi creencia de que la libertad es posible no sólo se deriva de mi experiencia personal, sino también, y tal vez más, de una visión no basada en la sabiduría humana. Mi comprensión de mi sexualidad no depende de mis experiencias pasadas ni de las circunstancias presentes, ni está definida por nada que puede tentarme por un momento fugaz. Mi comprensión de mi dependencia pasada sobre la atracción del mismo sexo era por las necesidades verdaderas y honestas de intimidad y afirmación masculinas siendo satisfechas de maneras no naturales. Cada niño necesita aprender a ser un hombre, y lo aprende mejor de un hombre mayor. Cuando mi percepción de la masculinidad se hizo sesgada por las percepciones equivocadas a una edad temprana, llegué a creer que era diferente de otros chicos, por lo tanto, diferente en todos los sentidos. La necesidad de la afirmación masculina se sexualizó, y la estimulación sexual se volvió el remedio para satisfacer esas necesidades. La gratificación instantánea reemplaza al autocontrol cuando el cimiento es otra cosa fuera del cimiento o punto de vista centrado en Dios. El hombre se convierte en el más alto. El hombre se convierte en el enfoque. El "yo" se convierte en lo supremo. Sin embargo, nunca fue así como el Padre Dios quiso que se cumplieran esas necesidades.

Después de mi libertad inicial, y para ayudarme entender mi verdadera masculinidad, empecé a pasar tiempo con hombres masculinos. Estudié lo real en lugar de la falsificación. Lo que descubrí fue que cada hombre, sin importar su orientación sexual percibida, tiene necesidad de conectarse con otra alma masculina. Los chicos aprenden a ser hombres al estar con hombres que saben guiarlos a ser hombres. En la naturaleza lo vemos vivamente retratado en el mundo del elefante. Cuando nace un elefante macho, vive con su madre en el rebaño mayormente con hembras hasta que llega a cierta edad, de unos dos años. En ese momento, su madre lo echa del rebaño y lo envía hacia un rebaño macho compuesto de machos maduros y mayores. De esta manera aprende a ser un elefante macho. Si por alguna razón ese macho joven no se conecta con un grupo masculino más sabio, él no aprenderá a controlar su masculinidad y se convierte en un solitario. Es el elefante forastero que tiende a correr por mal camino porque no tiene a nadie que le muestre cómo controlar su verdadera masculinidad de elefante. Yo fui un pícaro por demasiado tiempo porque yo era totalmente auto centrado y carecía de control de mí mismo.

Cuando descubrí quien era, cuando empecé a pensar como el Padre quería que pensara, las viejas maneras de vivir comenzaron a caer de mí, y empecé a experimentar la masculinidad real y realista. En la naturaleza vemos un gran roble y pensamos en todo el tiempo y crecimiento que se requirió para llegar a la extensión masiva que disfruta, pero debemos recordar que todo lo que en un día se convertiría estaba en la bellota. La bellota sólo necesitaba tiempo y las condiciones adecuadas para crecer y convertirse en el poderoso roble. Así fue conmigo. Cuando nací en la fe el 7 de noviembre de 1981, estaba en esencia como esa pequeña bellota. Todo en lo que me he convertido ya estaba plantado en mí; Sólo necesitaba tiempo y las condiciones adecuadas para crecer en lo Dios quería que fuera todo el tiempo.

Lógicamente, miro el cuerpo de un hombre y el cuerpo de una mujer y veo cómo fueron creados para encajar. El cuerpo de un hombre nunca fue concebido para encajar con el cuerpo de otro hombre, ni el cuerpo de una mujer de engranar con el cuerpo de otra mujer. En realidad, el acto sexual estaba destinado a la procreación, así pura y simple. Cualquier otra cosa es una perversión del uso que Dios quiso. En realidad, cuando un hombre tiene relaciones sexuales con otro hombre o una mujer tiene sexo con otra mujer, en realidad están cancelando la vida en lugar de crearla.

Cuando yo era un niño y me calificaron de afeminado, las cosas que percibí que me hacían parecer femenino en naturaleza eran en realidad cosas como sensibilidad emocional, dones artísticos y talentos, y mi capacidad de empalizar con los sentimientos de otros. Todas esas cosas eran regalos de Dios destinados a ser usados en el reino de Dios y para el bien de los demás. Dejé que el Enemigo me hiciera usar esos dones de maneras y propósitos que no eran las intenciones de Dios, la perversión. La perversión es realmente usar las cosas que Dios quiso para propósitos santos en maneras no santas, profanas. El sexo tenía la intención de ser algo bueno. Las emociones estaban destinadas a ser buenas cosas. Todo mi ser y quien yo era estaba destinado a buenos propósitos. Simplemente me conformé con el uso incorrecto de esas cosas tratando de satisfacer mis propias necesidades a través de maneras equivocadas.

También he determinado que lo que el mundo llama amor y lo que Dios llama amor son generalmente dos cosas muy diferentes. En los ojos y mentes del mundo, la mayor expresión del amor es el acto sexual entre dos partes que consienten. En los ojos y en la mente de Dios, la expresión más grande del amor es la de entregar la vida, y el acto sexual está reservado a la cama matrimonial, entre un hombre y una mujer. Yo sé, sé que las tasas del divorcio son tan altas en la iglesia como lo son en el mundo, pero sólo porque algunos fracasan tan miserablemente a veces, eso no niega que el deseo del Señor es nuestro bien en el área del matrimonio y sexo.

Ha sido a través de escribir la historia de mi vida que me he convencido incluso MÁS de lo que creo. La idea errónea es que odio a los que no están de acuerdo conmigo; ¡nada puede estar más lejos de la verdad! Con tanto orgullo como la comunidad gay aplaude a aquellos que revelan y abrazan su homosexualidad abiertamente, de igual manera, orgullosamente aplaudo a aquellos que salen de una identidad homosexualidad en busca de libertad de esta. ¿Cómo es menos plausible mi aplauso que el de la comunidad gay? Cómo me molesta pensar que hay tantos en la comunidad gay que quieran que fracase, que vuelva a la homosexualidad en lugar de regocijarse conmigo en mi deseo por la libertad, la libertad que he encontrado. Parece hipocresía. ¡Sólo digo!

Sin embargo, tengo detractores que me dicen ¿Qué pasa si estás equivocado? Si estás equivocado, ¿no estás haciendo más daño que bien? A ellos les digo, ¿y si USTEDES están equivocados? ¿Qué pasa si en realidad están deteniendo a innumerables personas de la libertad de algo que realmente no desean ser? He conocido a cientos de hombres y mujeres a través de los años que, como yo, no quieren ser gay. ¿Qué pasa con su derecho de llevar una vida diferente por sí mismos? Ya que estoy siendo honesto, fue en realidad la presión de algunos de mis amigos homosexuales que me despreciaron por querer ser libre, que provocaron los pensamientos del suicidio. ¿No debería una persona tener el derecho de elegir a quién seguirá, a quién servirá, y quién será?

He tenido personas decirme: "Nunca fuiste verdaderamente gay. Inventaste esa historia para vender música". ¿De verdad? Si yo fuera a inventar una historia, ciertamente sería mejor y mucho más glamoroso que el que acabas de leer. ¿Para vender música? ¿Estás bromeando? Piensa en eso en relación con el mundo secular. ¿Cuánto de la música pop de hoy abastece exclusivamente a la comunidad gay? La música de alguien que salió de la homosexualidad no es tan popular en los círculos cristianos. ¡Recuerda, este tema es uno que la iglesia preferiría que alguien más lo tratara!

Me han dicho que soy bisexual. "Estas sólo dando preferencia a tu lado masculino ahora". A ellos simplemente les digo que nunca sentí atracción hacia las mujeres hasta que Dios comenzó a tratar con mi auto percepción y a mostrarme mi verdadera identidad.

En varias ocasiones he oído, "¡Te han lavado el cerebro!" Y a esas personas tengo que decirles que, ¡que estoy de acuerdo! Mi mente ha sido lavada de las viejas maneras de pensar y abracé mejor la manera en la que Dios pensó intencionalmente desde un principio.

"Aún sigues siendo tentado, por lo tanto, sigues siendo gay." A eso digo esto: ¡la homosexualidad es una tentación NO una identidad! Aunque no puedo olvidar las cosas que ya he experimentado en mi antigua vida de homosexualidad, he llegado a comprender que la tentación nunca fue para definirme. Ahora me parece minúscula la tentación homosexual. Seamos sinceros, ¿a dónde puedo voltearme hoy en día que NO este confrontado con la atracción del mismo sexo? Pero perdió su poder sobre me desde hace mucho tiempo. Si viene la tentación, sé que el Padre tiene algo grande para mí que el Enemigo quiere tratar de robar. En ese momento, la tentación se convierte en un catalizador a la intimidad con Dios. El pecado evitado. Quien soy se derrama por todo mí ser. El enemigo derrotado. No hay que decir más. Jesús fue tentado en todas las maneras pero sin pecado. La tentación no define a nadie. En última instancia, la tentación revela una necesidad muy real, pero he aprendido a satisfacer las necesidades en la forma que Dios manda. Honestamente puedo decir que es difícil para mí creer que alguna vez fui homosexual. Una vez más, ¡Sólo digo!

Una cosa más, ¿Se han preguntado el por qué hay tanta homosexualidad dentro de las artes creativas? Yo sí. Y tengo un par de comentarios al respecto. Cómo yo opero desde un punto de referencia Dios céntrico, yo creo que Dios tiene un enemigo, Satanás, que el en engañador del mundo. Si yo fuera el enemigo, y yo quisiera que mi mensaje llegara a la mayoría de la gente, el mensaje que el hombre es el máximo y lo más alto, ¡entonces me gustaría hacerlo a través de todas las personas más creativas que pudiera encontrar! Combina eso con la realidad demostrada de que las personas creativas tienen a menudo la habilidad de que pueden tener pensamientos femeninos y también masculinos, y creo que eso fue dado por Dios, no con fines sexuales sino para fomentar relaciones más profundas, más íntimas, y saludables entre individuos. Estos son solo pensamientos míos.

No tienes que estar de acuerdo con lo que he dicho. No tengo una pistola apuntada a tu cabeza diciéndote que tienes que creer lo que yo creo. Siempre puedes elegir. Siempre. Somos personas de elección, y yo escojo amar aquellos que me odian. Te amaré, independientemente de su posición sobre el tema de la atracción del mismo sexo. Sólo no me condenen por el hecho de que yo no creo lo mismo que tú.

No quería ser gay, y descubrí que tenía la opción y elección de decidir quién permitiría que me definiera. Mi necesidad más grande era la intimidad. Dios proveyó para esa necesidad, haciendo impotente la homosexualidad en mi vida. Y continúa proveyendo esa necesidad hasta el día de hoy. ¿Mi historia? Esto sólo ha sido la punta del iceberg de lo que yo soy y de lo que Dios me está llamando a ser. Mantente en sintonía. Siempre hay más.

EL PROPÓSITO DE LAS CICATRICES Y QUIÉN DICE EL PADRE QUE YO SOY

"Las cicatrices nos recuerdan dónde hemos estado, no dicen a dónde vamos."

Criminal Minds episodio, del 3 de septiembre, 2010.

"Dios no te inspeccionará por tus medallas, títulos , sino por tu cicatrices."

Elbert Hubbard

"Por el sufrimiento han surgido las almas más fuertes; Los personajes más masivos están sellados con cicatrices."

Kahil Gibran

"Todo ganador tiene cicatrices."

Robert N. C. Nix

"Es una vida poco profunda la que no le da a una persona algunas cicatrices."

Garrison Keillor

No voy a discutir el punto. He soportado muchas heridas en la vida. Puesto que somos personas de elección, siempre tenemos una opción en cuanto a cómo responderemos a esas heridas. A veces el dolor nos hace incapaces de cualquier otra cosa que no sea la preservación de sí mismo, pero en algún momento tendremos que elegir entre permitir la cicatriz dictar nuestras vidas o permitir que el Señor use esa cicatriz para nuestro bien y Su gloria. Una cicatriz que ha sanado completamente no niega lo que atravesamos. ¿Mis cicatrices? Yo soy dueño de ellas. Cada una representa algo terrible o asombroso por lo que he pasado, y son puntos de referencia a los que puedo referirme tan a menudo como sea necesario, que dicen que sí, que he pasado por eso, pero mira lo que Dios ha hecho.

De ninguna manera quiero decir que he llegado o que estoy tan sanado como quiero o necesito estar, pero estoy en el camino. Apartado de la gracia de Dios, sé que todavía estaría en esclavitud. Separado de Su gracia, me caería en un segundo. Pero es en saber cuánto me ama que estoy impulsado a seguir el camino de la justicia. Si caigo, AÚN ME AMA, justo donde estoy. Ese es clase de amor que me hace querer no cometer los mismos errores tontos una y otra vez. Es en la intimidad de mi relación con Jesucristo que ya no me identifico como algo menos de lo que Él dice que yo soy. Considerarme un homosexual en recuperación sería decirle al Padre que no es el Sanador que dice que es.

Quien Él es, está en mi ADN espiritual dado a que soy Su hijo por la fe. Un co-heredero con Cristo, mi Hermano, mi Salvador, soy bienvenido a la mesa del Rey, habiendo recibido las llaves a una vida abundante en esta tierra sin importar las circunstancias. En pocas palabras, determino llamarme a mí mismo, simplemente SER, quien el Padre dice que soy.

Él es Dios, y nosotros no lo somos. Tenemos que descubrir Quien dice que Él es. Y en ese proceso, descubrimos quiénes somos nosotros. No hay una fórmula, ninguna poción mágica, ningún método rápido de seis pasos a la libertad; nace en la fe en Cristo y forjada en el fuego de la relación íntima con Jesucristo. De hecho, no hay nada que tú y yo podamos hacer para ganar nuestra libertad; simplemente es un regalo de Dios, nacido de la fe y relación. Ya no me desempeño para recibir Su amor y aceptación, ¡ahora me desempeño porque TENGO Su amor y aceptación! Soy quien el Padre dice que soy. ¿Y exactamente quién creo que soy?

No soy un pecador salvo por la gracia. El pecador está muerto; un santo sea levantado en su lugar.

Soy una nueva creación.

Soy sano, sanando y siendo sanado.

Me considero libre de la homosexualidad, aunque las cicatrices permanecen. Las cicatrices simplemente significan que una sanidad ha tenido lugar.

Me considero ser heterosexual en todos los sentidos de la palabra.

No soy un homosexual recuperado.

Estoy muerto al pecado.

Soy nacido de nuevo.

Soy lavado por la sangre de Cristo.

Soy un vencedor, no una víctima.

Soy un corredor de una carrera que corre para ganar.

Soy un hijo de destino y propósito.

Soy eternamente Suyo.

Soy encontrado.

Soy libre.

Soy santo y justo porque Él es santo y justo.

Soy un vencedor.

Soy redimido.

Soy restaurado.

Soy resucitado a una nueva vida.

Soy siervo del Dios todo poderoso.

Soy un poderoso guerrero.

Soy realeza.

Soy recibidor de visiones y sueños.

Soy escogido.

Soy un trofeo de la gracia de Dios.

Soy un deleite para mi Dios.

Soy aceptado.

Soy parte de la Novia de Cristo.

Soy buscador del Reino.

Soy un cantante que oye su Padre cantar sobre él.

El eterno, Dios que existe en Sí

El Dios Quién es Tres en Uno

Aquel que mora en el centro de tu

Ser es un Guerrero poderoso y valiente

Ha venido para darte libertad, para guardarte

Seguro y traerte la victoria.

Se alegra y toma placer en tu presencia.

Él ha grabado un lugar para Sí mismo en ti

Y allí en quietud descansa.

En Su amor y afecto por ti.

No se puede contener de solo pensar en ti

Y con un gran gozo da vueltas en

Anticipación sobre ti, y te ha puesto por encima

De toda otra creación en el lugar más alto de

Sus prioridades.

De hecho, Él clama y canta en

Triunfo, con gozo proclamando la felicidad

de Su corazón en un canto de regocijo.

¡TODO POR TI!

Sofonías 3:17
(Traducción por Dennis Jernigan)

ADDITIONAL INNOVO PUBLISHING TITLES BY DENNIS JERNIGAN

The Christmas Dream

978-1-61314-253-0

A Thread of Hope

978-1-61314-287-5

How to Write a Book

978-1-61314-299-8

Stand in Love

978-1-61314-307-0

Daddy's Song

978-1-61314-858-7

The Chronicles of Bren Trilogy

978-1-61314-310-0

978-1-61314-328-5

978-1-61314-333-9

ADDITIONAL INNOVO PUBLISHING TITLES

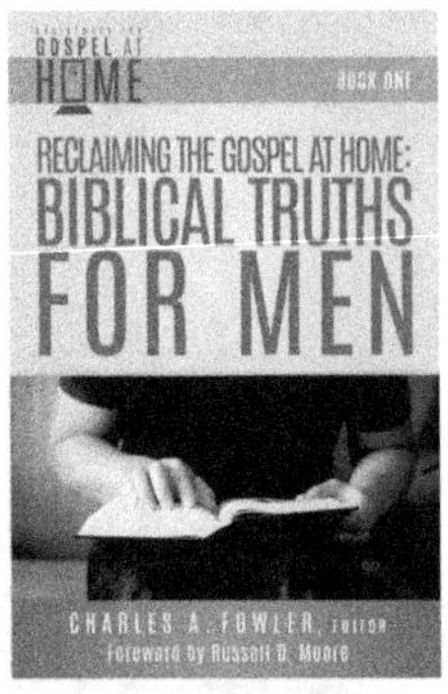

Biblical Truths for Men *by Charles Fowler*

978-1-61314-188-5

Believe in Miracles but Trust in Jesus *by Adrian Rogers*

978-1-61314-199-1

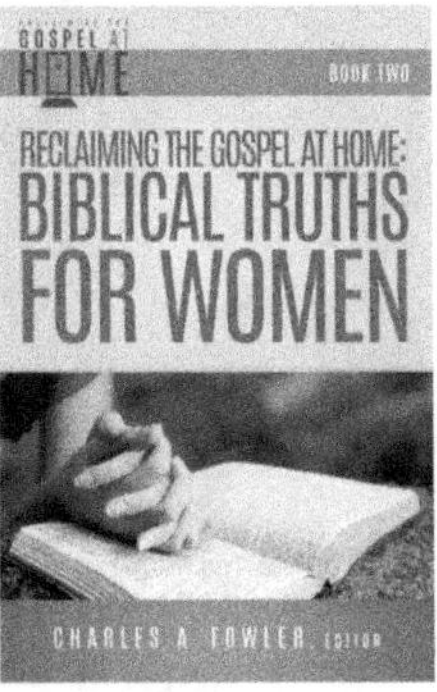

Biblical Truths for Women *by Charles Fowler*

978-1-61314-223-3

Worship Believers Experiencing God *by Henry Blackaby & Ron Owens*

978-1-61314-346-9

Mr. How Do You Do Learns to Pray (Book 1, Spanish Edition) *by Kelly Johnson*

978-1-61314-341-4

The Journey *by Ron & Patricia Owens*

978-1-61314-310-0

ABOUT INNOVO PUBLISHING

Innovo Publishing is a full-service Christian publisher serving the Christian and wholesome markets globally. Innovo creates, distributes, and markets quality books, eBooks, audiobooks, music, and film through traditional publishing, cooperative publishing, and independent publishing models. Innovo provides distribution, marketing, and automated order fulfillment through a network of thousands of physical and online distributors, wholesalers, retailers, libraries, and schools including Amazon, Barnes & Noble, and many more. Innovo publishes Christian and wholesome children's books, and fiction and non-fiction titles across all Christian genres. Visit us at www.innovopublishing.com.

www.ingramcontent.com/pod-product-compliance
Lightning Source LLC
Chambersburg PA
CBHW061511050726

47593CB00002B/518